PREFAZIONE

La raccolta di frasari da viaggio "Andrà tutto bene!" pubblicati da T&P Books è destinata a coloro che viaggiano all'estero per turismo e per motivi professionali. I frasari contengono ciò che conta di più - gli elementi essenziali per la comunicazione di base. Questa è un'indispensabile serie di frasi utili per "sopravvivere" durante i soggiorni all'estero.

Questo frasario potrà esservi di aiuto nella maggior parte dei casi in cui dovrete chiedere informazioni, ottenere indicazioni stradali, domandare quanto costa qualcosa, ecc. Risulterà molto utile per risolvere situazioni dove la comunicazione è difficile e i gesti non possono aiutarci.

Questo libro contiene molte frasi che sono state raggruppate a seconda degli argomenti più importanti. Questa edizione include anche un piccolo vocabolario che contiene circa 3.000 termini più utilizzati abitualmente. Un'altra sezione del frasario contiene un dizionario gastronomico che vi sarà utile per ordinare pietanze al ristorante o per fare acquisti di genere alimentare.

Durante i vostri viaggi portate con voi il frasario "Andrà tutto bene!" e disporrete di un insostituibile compagno di viaggio che vi aiuterà nei momenti di difficoltà e vi insegnerà a non avere paura di parlare in un'altra lingua straniera.

INDICE

T&P Books Publishing

La raccolta di frasari da viaggio
"Andrà tutto bene!"

T&P Books Publishing

FRASARIO
— SVEDESE —

Andrey Taranov

I TERMINI E LE ESPRESSIONI PIÙ UTILI

Questo frasario contiene
espressioni e domande
di uso comune che
risulteranno utili
per intraprendere
conversazioni di base
con gli stranieri

T&P BOOKS

Frasario + dizionario da 3000 vocaboli

Frasario Italiano-Svedese e vocabolario tematico da 3000 vocaboli

Di Andrey Taranov

La raccolta di frasari da viaggio "Andrà tutto bene!" pubblicati da T&P Books è destinata a coloro che viaggiano all'estero per turismo e per motivi professionali. I frasari contengono ciò che conta di più - gli elementi essenziali per la comunicazione di base. Questa è un'indispensabile serie di frasi utili per "sopravvivere" durante i soggiorni all'estero.

Questo libro inoltre include un piccolo vocabolario tematico che comprende circa 3.000 termini più utilizzati abitualmente. Un'altra sezione del frasario contiene un dizionario gastronomico che vi sarà utile per ordinare pietanze al ristorante o per fare acquisti di genere alimentare.

T&P Books Publishing
www.tpbooks.com

ISBN: 978-1-78616-845-0

Questo libro è disponibile anche in formato e-book.
Visitate il sito www.tpbooks.com o le principali librerie online.

PRONUNCIA

Lettera	Esempio svedese	Alfabeto fonetico T&P	Esempio italiano
Aa	bada	[ɑ], [ɑ:]	fare
Bb	tabell	[b]	bianco
Cc [1]	licens	[s]	sapere
Cc [2]	container	[k]	cometa
Dd	andra	[d]	doccia
Ee	efter	[e]	meno, leggere
Ff	flera	[f]	ferrovia
Gg [3]	gömma	[j]	New York
Gg [4]	truga	[g]	guerriero
Hh	handla	[h]	[h] aspirate
Ii	tillhöra	[i:], [ɪ]	scacchi
Jj	jaga	[j]	New York
Kk [5]	keramisk	[ɕ]	fasciatura
Kk [6]	frisk	[k]	cometa
Ll	tal	[l]	saluto
Mm	medalj	[m]	mostra
Nn	panik	[n]	notte
Oo	tolv	[ɔ]	romanzo
Pp	plommon	[p]	pieno
Qq	squash	[k]	cometa
Rr	spelregler	[r]	ritmo, raro
Ss	spara	[s]	sapere
Tt	tillhöra	[t]	tattica
Uu	ungefär	[u], [ʉ:]	prugno, luccio
Vv	overall	[v]	volare
Ww [7]	kiwi	[w]	week-end
Xx	sax	[ks]	taxi
Yy	manikyr	[y], [y:]	luccio
Zz	zoolog	[s]	sapere
Åå	sångare	[ə]	soldato (dialetto foggiano)
Ää	tandläkare	[æ]	spremifrutta
Öö	kompositör	[ø]	oblò

5

Lettera	Esempio svedese	Alfabeto fonetico T&P	Esempio italiano

Combinazioni di lettere

Ss [8]	sjösjuka	[ʃ]	ruscello
sk [9]	skicka	[ʃ]	ruscello
s [10]	först	[ʃ]	ruscello
J j [11]	djärv	[j]	New York
Lj [12]	ljus	[j]	New York
kj, tj	kjol	[ɕ]	fasciatura
ng	omkring	[ŋ]	fango

Note di commento

[·] **kj** pronunciato
[··] **ng** si trasforma in un suono nasale
[1] prima di **e, i, y**
[2] altrove
[3] prima di **e, i, ä, ö**
[4] altrove
[5] prima di **e, i, ä, ö**
[6] altrove
[7] nei prestiti linguistici
[8] con **sj, skj, stj**
[9] prima di **e, i, y, ä, ö** toniche
[10] insieme a **rs**
[11] con **dj, hj, gj, kj**
[12] all'inizio delle parole

LISTA DELLE ABBREVIAZIONI

Italiano. Abbreviazioni

agg	-	aggettivo
anim.	-	animato
avv	-	avverbio
cong	-	congiunzione
ecc.	-	eccetera
f	-	sostantivo femminile
f pl	-	femminile plurale
fem.	-	femminile
form.	-	formale
inanim.	-	inanimato
inform.	-	familiare
m	-	sostantivo maschile
m pl	-	maschile plurale
m, f	-	maschile, femminile
masc.	-	maschile
mil.	-	militare
pl	-	plurale
pron	-	pronome
qc	-	qualcosa
qn	-	qualcuno
sing.	-	singolare
v aus	-	verbo ausiliare
vi	-	verbo intransitivo
vi, vt	-	verbo intransitivo, transitivo
vr	-	verbo riflessivo
vt	-	verbo transitivo

Svedese. Abbreviazioni

pl	-	plurale

Svedese. Articoli

den	-	genere comune
det	-	neutro
en	-	genere comune
ett	-	neutro

FRASARIO SVEDESE

Questa sezione contiene frasi importanti che potranno rivelarsi utili in varie situazioni di vita quotidiana. Il frasario vi sarà di aiuto per chiedere indicazioni, chiarire il prezzo di qualcosa, comprare dei biglietti e ordinare pietanze in un ristorante

T&P Books Publishing

INDICE DEL FRASARIO

T&P Books Publishing

Il minimo indispensabile

Mi scusi, ...

Ursäkta mig, ...
[ʉːˈʂɛkta mɛj, ...]

Buongiorno.

Hej
[hɛj]

Grazie.

Tack
[tak]

Arrivederci.

Hej då
[hɛj doː]

Sì.

Ja
[ja]

No.

Nej
[nɛj]

Non lo so.

Jag vet inte.
[ja vet ˈintə]

Dove? | Dove? (~ stai andando?) | Quando?

Var? I Vart? I När?
[var? | vaːʈ? | nɛr?]

Ho bisogno di ...

Jag behöver ...
[ja beˈhøvər ...]

Voglio ...

Jag vill ...
[ja vilʲ ...]

Avete ...?

Har du ...?
[har dʉː ...?]

C'è un /una/ ... qui?

Finns det ... här?
[fins dɛ ... hæːr?]

Posso ...?

Får jag ... ?
[for jaː ...?]

per favore

..., tack
[..., tak]

Sto cercando ...

Jag letar efter ...
[ja ˈlʲetar ˈɛftər ...]

il bagno

en toalett
[en tuaˈlʲet]

un bancomat

en uttagsautomat
[en ʉːˈtaːgs autoˈmat]

una farmacia

ett apotek
[et apʊˈtek]

un ospedale

ett sjukhus
[et ˈɧʉːkhʉs]

la stazione di polizia

en polisstation
[en poˈlis staˈɧuːn]

la metro

tunnelbanan
[ˈtʉnəlʲ ˈbaːnan]

un taxi	**en taxi** [en 'taksi]
la stazione (ferroviaria)	**en tågstation** [en 'to:g sta'ʃu:n]

Mi chiamo ...	**Jag heter ...** [ja 'hetər ...]
Come si chiama?	**Vad heter du?** [vad 'hetər dʉ:?]
Mi può aiutare, per favore?	**Skulle du kunna hjälpa mig?** ['skɵlʲe dʉ: 'kuna 'jɛlʲpa mɛj?]
Ho un problema.	**Jag har ett problem.** [ja har et prɔ'blʲem]
Mi sento male.	**Jag mår inte bra.** [ja mor 'intə bra:]
Chiamate l'ambulanza!	**Ring efter en ambulans!** ['riŋ 'ɛftər en ambʉ'lʲans!]
Posso fare una telefonata?	**Får jag ringa ett samtal?** [for ja 'riŋa et 'sa:mtalʲ?]

Mi dispiace.	**Jag är ledsen.** [ja ær 'lʲesən]
Prego.	**Ingen orsak.** ['iŋen 'u:ʂak]

io	**Jag, mig** [ja, mɛj]
tu	**du** [dʉ]
lui	**han** [han]
lei	**hon** [hon]
loro (m)	**de:** [de:]
loro (f)	**de:** [de:]
noi	**vi** [vi:]
voi	**ni** [ni]
Lei	**du, Ni** [dʉ:, ni:]

ENTRATA	**INGÅNG** ['iŋo:ŋ]
USCITA	**UTGÅNG** ['ʉtgo:ŋ]
FUORI SERVIZIO	**UR FUNKTION** [ʉ:r fʉnk'ʃu:n]
CHIUSO	**STÄNGT** ['stɛŋt]

APERTO

ÖPPET
['øpet]

DONNE

FÖR KVINNOR
[før 'kvinor]

UOMINI

FÖR MÄN
[før mɛn]

Domande

Dove?	**Var?** [var?]
Dove? (~ stai andando?)	**Vart?** [vaːʈ?]
Da dove?	**Varifrån?** ['varifron?]
Perchè?	**Varför?** ['vaːføːr?]
Per quale motivo?	**Av vilken anledning?** [aːv 'vilʲkən an'lʲedniŋ?]
Quando?	**När?** [nɛr?]

Per quanto tempo?	**Hur länge?** [hʉː 'lʲɛŋə?]
A che ora?	**Vilken tid?** ['vilʲkən tid?]
Quanto?	**Hur länge?** [hʉː 'lʲɛŋə?]
Avete ...?	**Har du ...?** [har dʉː ...?]
Dov'e ...?	**Var finns ...?** [var fins ...?]

Che ore sono?	**Vad är klockan?** [vad ær 'klʲokan?]
Posso fare una telefonata?	**Får jag ringa ett samtal?** [for ja 'riŋa et 'saːmtalʲ?]
Chi è?	**Vem är det?** [vem ær dɛ?]
Si può fumare qui?	**Får jag röka här?** [for ja 'røka hæːr?]
Posso ...?	**Får jag ...?** [for jaː ...?]

Necessità

Vorrei …	**Jag skulle vilja …** [ja 'skɯlʲe 'vilja …]
Non voglio …	**Jag vill inte …** [ja vilʲ 'intə …]
Ho sete.	**Jag är törstig.** [ja ær 'tø:ʂtig]
Ho sonno.	**Jag vill sova.** [ja vilʲ 'so:va]

Voglio …	**Jag vill …** [ja vilʲ …]
lavarmi	**tvätta mig** ['tvɛta mɛj]
lavare i denti	**borsta tänderna** ['bo:ʂta 'tɛndeŋa]
riposae un po'	**vila en stund** ['vilʲa en stund]
cambiare i vestiti	**att byta kläder** [at 'byta 'klʲɛ:dər]

tornare in albergo	**gå tillbaka till hotellet** ['go tilʲ'baka tilʲ ho'telʲet]
comprare …	**köpa …** ['çøpa …]
andare a …	**ta mig till …** [ta mɛj tilʲ …]
visitare …	**besöka …** [be'søka …]
incontrare …	**träffa …** ['trɛfa …]
fare una telefonata	**ringa ett samtal** ['riŋa et 'samtalʲ]

Sono stanco.	**Jag är trött.** [ja ær trøt]
Siamo stanchi.	**Vi är trötta.** [vi: ær 'trøta]
Ho freddo.	**Jag fryser.** [ja 'frysər]
Ho caldo.	**Jag är varm.** [ja ær varm]
Sto bene.	**Jag är okej.** [ja ær ɔ'kej]

Devo fare una telefonata.

Jag behöver ringa ett samtal.
[ja be'høvər 'riŋa et 'samtalʲ]

Devo andare in bagno.

Jag behöver gå på toaletten.
[ja be'høvər go pɔ tua'lʲetən]

Devo andare.

Jag måste ge mig av.
[ja 'mostə je mɛj av]

Devo andare adesso.

Jag måste ge mig av nu.
[ja 'mostə je mɛj av nʉ:]

Come chiedere indicazioni

Mi scusi, ...
Ursäkta mig, ...
[ʉ:'ʂɛkta mɛj, ...]

Dove si trova ...?
Var finns ...?
[var fins ...?]

Da che parte è ...?
Åt vilket håll ligger ...?
[ot 'vilʲket holʲ 'ligər ...?]

Mi può aiutare, per favore?
Skulle du kunna hjälpa mig?
['skʉlʲe dʉ: 'kuna 'jɛlʲpa mɛj?]

Sto cercando ...
Jag letar efter ...
[ja 'lʲetar 'ɛftər ...]

Sto cercando l'uscita.
Jag letar efter utgången.
[ja 'lʲetar 'ɛftər 'ʉtgo:ŋən]

Sto andando a ...
Jag ska till ...
[ja ska tilʲ ...]

Sto andando nella direzione giusta per ...?
Är jag på rätt väg till ...?
[ɛr ja pɔ rɛt vɛg tilʲ ...?]

E' lontano?
Är det långt?
[ɛr dɛ 'lʲo:ŋt?]

Posso andarci a piedi?
Kan jag ta mig dit till fots?
[kan ja ta mɛj dit tilʲ 'fots?]

Può mostrarmi sulla piantina?
Kan du visa mig på kartan?
[kan dʉ: 'vi:sa mɛj pɔ 'ka:ʈan?]

Può mostrarmi dove ci troviamo adesso.
Kan du visa mig var vi är nu.
[kan dʉ: 'vi:sa mɛj var vi ær nʉ:]

Qui
Här
[hæ:r]

Là
Där
[dɛr]

Da questa parte
Den här vägen
[den hæ:r 'vɛgən]

Giri a destra.
Sväng höger.
['svɛŋ 'høgər]

Giri a sinistra.
Sväng vänster.
['svɛŋ 'vɛnstər]

La prima (la seconda, la terza) strada
första (andra, tredje) sväng
['fø:ʂta ('andra, 'tre:dje) svɛŋ]

a destra	**till höger** [tilʲ 'høgər]
a sinistra	**till vänster** [tilʲ 'vɛnstər]
Vada sempre dritto.	**Gå rakt fram.** ['go rakt fram]

Segnaletica

BENVENUTO!	**VÄLKOMMEN!** ['vɛlʲkomən!]
ENTRATA	**INGÅNG** ['iŋo:ŋ]
USCITA	**UTGÅNG** ['ʉtgo:ŋ]

SPINGERE	**TRYCK** [trʏk]
TIRARE	**DRA** [dra:]
APERTO	**ÖPPET** ['øpet]
CHIUSO	**STÄNGT** ['stɛŋt]

DONNE	**FÖR KVINNOR** [før 'kvinor]
UOMINI	**FÖR MÄN** [før mɛn]
BAGNO UOMINI	**HERRAR** ['hɛrrar]
BAGNO DONNE	**DAMER** ['damər]

SALDI | SCONTI	**RABATT** [ra'bat]
IN SALDO	**REA** ['rea]
GRATIS	**GRATIS** ['gratis]
NOVITA!	**NYHET!** ['nyhet!]
ATTENZIONE!	**VARNING!** ['varniŋ!]

COMPLETO	**FULLBOKAT** [fʉlʲ'bokat]
RISERVATO	**RESERVERAT** [resɛr'verat]
AMMINISTRAZIONE	**DIREKTÖR** [direk'tør]
RISERVATO AL PERSONALE	**ENDAST PERSONAL** ['ɛndast pɛ:ʂo'nalʲ]

ATTENTI AL CANE!	**VARNING FÖR HUNDEN!** ['varniŋ før 'hʉndən!]
VIETATO FUMARE	**RÖKNING FÖRBJUDET!** ['røkniŋ før'bjʉ:det!]
NON TOCCARE	**RÖR EJ!** [rør ɛj!]
PERICOLOSO	**FARLIGT** ['fa:ɭigt]
PERICOLO	**FARA** ['fa:ra]
ALTA TENSIONE	**HÖGSPÄNNING** ['høgspɛniŋ]
DIVIETO DI BALNEAZIONE	**BAD FÖRBJUDET!** [bad før'bjʉ:det!]

FUORI SERVIZIO	**UR FUNKTION** [ʉ:r fʉnk'ɧu:n]
INFIAMMABILE	**BRANDFARLIGT** ['brand 'fa:ligt]
VIETATO	**FÖRBJUDET** [før'bjʉ:det]
VIETATO L'ACCESSO	**TILLTRÄDE FÖRBJUDET!** [til'trɛdə før'bjʉ:det!]
PITTURA FRESCA	**NYMÅLAT** ['nymoɭat]

CHIUSO PER RESTAURO	**STÄNGT FÖR RENOVERING** ['stɛŋt før reno'veriŋ]
LAVORI IN CORSO	**VÄGARBETE** ['vɛ:g ar'betə]
DEVIAZIONE	**OMLEDNINGSVÄG** [ɔ:m'lʲedniŋs vɛg]

Mezzi di trasporto - Frasi generiche

aereo	**plan** [plʲan]
treno	**tåg** [toːg]
autobus	**buss** [bus]
traghetto	**färja** [ˈfæːrja]
taxi	**taxi** [ˈtaksi]
macchina	**bil** [bilʲ]

orario	**tidtabell** [ˈtid taˈbɛlʲ]
Dove posso vedere l'orario?	**Var kan jag se tidtabellen?** [var kan ja se tidːtaˈbɛlʲen?]
giorni feriali	**vardagar** [vaːrˈdaːgar]
giorni di festa (domenica)	**helger** [ˈheljer]
giorni festivi	**helgdagar** [ˈheljˈdaːgar]

PARTENZA	**AVGÅNGAR** [ˈavgoːŋar]
ARRIVO	**ANKOMSTER** [ˈankomstər]
IN RITARDO	**FÖRSENAD** [føːˈʂenad]
CANCELLATO	**INSTÄLLD** [ˈinstɛlʲd]

il prossimo (treno, ecc.)	**nästa** [ˈnɛsta]
il primo	**första** [ˈføːʂta]
l'ultimo	**sista** [ˈsista]

Quando è il prossimo ...?	**När går nästa ...?** [nɛr goːr ˈnɛsta ...?]
Quando è il primo ...?	**När går första ...?** [nɛr goːr ˈføːʂta ...?]

Quando è l'ultimo ...?	**När går sista ...?** [nɛr goːr 'sista ...?]
scalo	**byte** ['byte]
effettuare uno scalo	**att göra ett byte** [at 'jøra et 'byte]
Devo cambiare?	**Behöver jag byta?** [be'høvər ja 'byta?]

Acquistando un biglietto

Dove posso comprare i biglietti?	**Var kan jag köpa biljetter?** [var kan ja 'ɕøpa biˈlʲetər?]
biglietto	**biljett** [biˈlʲet]
comprare un biglietto	**att köpa en biljett** [at 'ɕøpa en biˈlʲet]
il prezzo del biglietto	**biljettpris** [biˈlʲet pris]

Dove?	**Vart?** [vaːʈ?]
In quale stazione?	**Till vilken station?** [tilʲ 'vilʲkən staˈʈuːn?]
Avrei bisogno di ...	**Jag behöver ...** [ja beˈhøvər ...]
un biglietto	**en biljett** [en biˈlʲet]
due biglietti	**två biljetter** [tvoː biˈlʲetər]
tre biglietti	**tre biljetter** [tre biˈlʲetər]

solo andata	**enkel** ['ɛnkəlʲ]
andata e ritorno	**tur och retur** ['tuːr ɔ reˈtuːr]
prima classe	**första klass** ['føːʂta klʲas]
seconda classe	**andra klass** ['andra klʲas]

oggi	**idag** [idaːg]
domani	**imorgon** [iˈmɔrgɔn]
dopodomani	**i övermorgon** [i 'øːvəˌmɔrgɔn]
la mattina	**på morgonen** [pɔ 'mɔrgɔnən]
nel pomeriggio	**på eftermiddagen** [pɔ 'ɛftə midˈdagən]
la sera	**på kvällen** [pɔ 'kvɛlʲen]

posto lato corridoio	**gångplats** [goːŋ plʲats]
posto lato finestrino	**fönsterplats** ['fønstə plʲats]
Quanto?	**Hur mycket?** [hʉ: 'mʏke?]
Posso pagare con la carta di credito?	**Kan jag betala med kreditkort?** [kan ja be'talʲa me kre'dit koːʈ?]

Autobus

autobus	**buss** [bus]
autobus interurbano	**långfärdsbuss** ['lʲɔŋfɛrds͵bus]
fermata dell'autobus	**busshållplats** ['bus 'holʲplʲats]
Dov'è la fermata dell'autobus più vicina?	**Var finns närmsta busshållplats?** [var fins 'nɛrmsta 'bus 'holʲplʲats?]

numero	**nummer** ['numər]
Quale autobus devo prendere per andare a ...?	**Vilken buss kan jag ta till ...?** ['vilʲkən bus kan ja ta tilʲ ...?]
Questo autobus va a ...?	**Går den här bussen till ...?** [goːr den hæːr 'busen tilʲ ...?]
Qual'è la frequenza delle corse degli autobus?	**Hur ofta går bussarna?** [hʉː 'ofta goːr 'busarna?]

ogni 15 minuti	**var femtonde minut** [var 'femtondə mi'nʉːt]
ogni mezzora	**varje halvtimme** ['varje 'halʲv͵timə]
ogni ora	**en gång i timmen** [en goːŋ i 'timən]
più a volte al giorno	**flera gånger om dagen** ['flʲera 'goːŋər om 'dagən]
... volte al giorno	**... gånger om dagen** [... 'goːŋər om 'dagən]

orario	**tidtabell** ['tid ta'bɛlʲ]
Dove posso vedere l'orario?	**Var kan jag se tidtabellen?** [var kan ja se tid ta'bɛlʲen?]
Quando passa il prossimo autobus?	**När går nästa buss?** [nɛr goːr 'nɛsta bus?]
A che ora è il primo autobus?	**När går första bussen?** [nɛr goːr 'føːʂta 'busen?]
A che ora è l'ultimo autobus?	**När går sista bussen?** [nɛr goːr 'sista 'busen?]

fermata	**hållplats** ['holʲ͵plʲats]
prossima fermata	**nästa hållplats** ['nɛsta 'holʲplʲats]

ultima fermata

sista hållplatsen
['sista 'holˈplˈatsən]

Può fermarsi qui, per favore.

Vill du vara snäll och stanna här, tack.
[vilˈ dʉ: 'va:ra snɛlˈ o 'stana hæ:r, tak]

Mi scusi, questa è la mia fermata.

Ursäkta mig, detta är min hållplats.
[ʉ:'ʂɛkta mɛj, 'deta ær min 'holˈplˈats]

Treno

treno	**tåg** [to:g]
treno locale	**lokaltåg** [lᴵo'kalᴵ to:g]
treno a lunga percorrenza	**fjärrtåg** ['fᴵær‚to:g]
stazione (~ ferroviaria)	**tågstation** ['to:g sta'ɧu:n]
Mi scusi, dov'è l'uscita per il binario?	**Ursäkta mig, var är utgången till perrongen?** [ʉ:'ʂɛkta mɛj, var ær 'ʉtgo:ŋən tilᴵ pe'roŋən?]

Questo treno va a ...?	**Går det här tåget till ...?** [go:r dɛ hæ:r 'to:get tilᴵ ...?]
il prossimo treno	**nästa tåg** ['nɛsta to:g]
Quando è il prossimo treno?	**När går nästa tåg?** [nɛr go:r 'nɛsta to:g?]
Dove posso vedere l'orario?	**Var kan jag se tidtabellen?** [var kan ja se tid tabɛlᴵen?]
Da quale binario?	**Från vilken perrong?** [fron 'vilᴵkən pe'roŋ?]
Quando il treno arriva a ... ?	**När ankommer tåget till ...?** [nɛr 'ankomer 'to:get tilᴵ ...?]

Mi può aiutare, per favore.	**Snälla hjälp mig.** ['snɛlᴵa jɛlᴵp mɛj]
Sto cercando il mio posto.	**Jag letar efter min plats.** [ja 'lᴵetar 'ɛfter min plᴵats]
Stiamo cercando i nostri posti.	**Vi letar efter våra platser.** [vi 'lᴵetar 'ɛftə 'vo:ra 'plᴵatsər]

Il mio posto è occupato.	**Min plats är upptagen.** [min plᴵats ær up'ta:gen]
I nostri posti sono occupati.	**Våra platser är upptagna.** ['vo:ra 'plᴵatsər ær up'tagna]
Mi scusi, ma questo è il mio posto.	**Jag är ledsen, men det här är min plats.** [ja ær 'lᴵesən, men dɛ hæ:r ær min plᴵats]

E' occupato?

Är den här platsen upptagen?
[ɛr den hæːr 'plʲatsən upˈtaːgən?]

Posso sedermi qui?

Kan jag sitta här?
[kan ja 'sita hæːr?]

Sul treno - Dialogo (Senza il biglietto)

Biglietto per favore.	**Biljetten, tack.** [biˈlʲetən, tak]
Non ho il biglietto.	**Jag har ingen biljett.** [ja har ˈiŋen biˈlʲet]
Ho perso il biglietto.	**Jag har förlorat min biljett.** [ja har føːˈlʲorat min biˈlʲet]
Ho dimenticato il biglietto a casa.	**Jag har glömt min biljett hemma.** [ja har ˈglʲømt min biˈlʲet ˈhɛma]

Può acquistare il biglietto da me.	**Du kan köpa biljett av mig.** [dʉː kan ˈɕøpa biˈlʲet av mɛj]
Deve anche pagare una multa.	**Du kommer också behöva betala böter.** [dʉː ˈkomər ˈukso beˈhøva beˈtalʲa ˈbøtər]

Va bene.	**Okej.** [ɔˈkej]
Dove va?	**Vart ska du?** [vaːt ska: dʉː?]
Vado a ...	**Jag ska till ...** [ja ska tilʲ ...]

Quanto? Non capisco.	**Hur mycket? Jag förstår inte.** [hʉː ˈmʏke? ja føːˈʂtoːr ˈintə]
Può scriverlo per favore.	**Vill du skriva det.** [vilʲ dʉː ˈskriːva dɛ]
D'accordo. Posso pagare con la carta di credito?	**Bra. Kan jag betala med kreditkort?** [bra:. kan ja beˈtalʲa me kreˈdit koːʈ?]
Sì.	**Ja, det kan du.** [ja, dɛ kan dʉ]

Ecco la sua ricevuta.	**Här är ert kvitto.** [hæːr ær eːʈ ˈkvito]
Mi dispiace per la multa.	**Jag beklagar bötesavgiften.** [ja beˈklʲagar bøtesav ˈjiftən]
Va bene così. È stata colpa mia.	**Det är okej. Det var mitt fel.** [de: ær ɔˈkej. dɛ var mit felʲ]
Buon viaggio.	**Ha en trevlig resa.** [ha en ˈtrɛvlig ˈresa]

Taxi

taxi	**taxi** ['taksi]
tassista	**taxichaufför** ['taksi ʂoˈføːr]
prendere un taxi	**att ta en taxi** [at ta en 'taksi]
posteggio taxi	**taxistation** ['taksi staˈɧuːn]
Dove posso prendere un taxi?	**Var kan jag få tag på en taxi?** [var kan ja fo tag pɔ en 'taksi?]
chiamare un taxi	**att ringa en taxi** [at 'riŋa en 'taksi]
Ho bisogno di un taxi.	**Jag behöver en taxi.** [ja beˈhøvər en 'taksi]
Adesso.	**Omedelbart.** [uˈmedelʲbaːt]
Qual'è il suo indirizzo?	**Vad har du för adress?** [vad har dʉ: før aˈdrɛs?]
Il mio indirizzo è ...	**Min adress är ...** [min aˈdrɛs ær ...]
La sua destinazione?	**Vart ska du åka?** [vaːʈ ska: dʉ: oka?]

Mi scusi, ...	**Ursäkta mig, ...** [ʉːˈʂɛkta mɛj, ...]
E' libero?	**Är du ledig?** [ɛr dʉ: 'lʲeːdig?]
Quanto costa andare a ...?	**Vad kostar det att åka till ...?** [vad 'kostar dɛ at 'oːka tilʲ ...?]
Sapete dove si trova?	**Vet du var det ligger?** [vet dʉ: var dɛ 'ligər?]

All'aeroporto, per favore.	**Till flygplatsen, tack.** [tilʲ 'flʲyg 'plʲatsən, tak]
Si fermi qui, per favore.	**Kan du stanna här, tack.** [kan dʉ: 'stana hæ:r, tak]
Non è qui.	**Det är inte här.** [de: ær 'intə hɛr]
È l'indirizzo sbagliato.	**Det här är fel adress.** [de: hæ:r ær felʲ adˈrɛs]
Giri a sinistra.	**Sväng vänster.** ['svɛŋ 'vɛnstər]
Giri a destra.	**Sväng höger.** ['svɛŋ 'høgər]

Quanto le devo?	**Hur mycket är jag skyldig?** [hʉ: 'mʏke ær ja 'ŋʏlᵈdig?]
Potrei avere una ricevuta, per favore.	**Jag skulle vilja ha ett kvitto, tack.** [ja 'skʉlᵉe 'vilja ha et 'kvito, tak]
Tenga il resto.	**Behåll växeln.** [be'holⁱ 'vɛkselⁱn]

Può aspettarmi, per favore?	**Vill du vara vänlig och vänta på mig?** [vilⁱ dʉ: 'va:ra 'vɛnlig o vɛnta pɔ mɛj?]
cinque minuti	**fem minuter** [fem mi'nʉ:tər]
dieci minuti	**tio minuter** ['ti:o mi'nʉ:tər]
quindici minuti	**femton minuter** ['femtɔn mi'nʉ:tər]
venti minuti	**tjugo minuter** ['ɕʉ:go mi'nʉ:ter]
mezzora	**en halvtimme** [en 'halⁱv'timə]

Hotel

Salve.	**Hej** [hɛj]
Mi chiamo …	**Jag heter …** [ja ˈhetər …]
Ho prenotato una camera.	**Jag har bokat.** [ja har ˈbokat]

Ho bisogno di …	**Jag behöver …** [ja beˈhøvər …]
una camera singola	**ett enkelrum** [et ˈɛnkəlʲ ruːm]
una camera doppia	**ett dubbelrum** [et ˈdubəlʲ ruːm]
Quanto costa questo?	**Hur mycket kostar det?** [hʉː ˈmʏke ˈkostar dɛ?]
È un po' caro.	**Det är lite dyrt.** [de: ær ˈlʲitə dyːt]

Avete qualcos'altro?	**Har du några andra alternativ?** [har dʉ: ˈnogra ˈandra alʲternaˈtiv?]
La prendo.	**Jag tar det.** [ja tar dɛ]
Pago in contanti.	**Jag betalar kontant.** [ja beˈtalʲar konˈtant]

Ho un problema.	**Jag har ett problem.** [ja har et prɔˈblʲem]
Il mio … è rotto.	**… är trasig.** [… ær ˈtrasig]
Il mio … è fuori servizio.	**… fungerar inte.** [… fʉˈŋerar ˈintə]
televisore	**min TV** [min ˈteve]
condizionatore	**min luftkonditionering** [min ˈlʲʉft kondiŋuˈnɛriŋ]
rubinetto	**min kran** [min kran]

doccia	**min dusch** [min duʂ]
lavandino	**mitt handfat** [mit ˈhandfaːt]
cassaforte	**mitt kassaskåp** [mit ˈkasaˌskoːp]

serratura	**mitt dörrlås** [mit 'dørlˈos]
presa elettrica	**mitt eluttag** [mit ɛlˈʉːtag]
asciugacapelli	**min hårtork** [min 'hoːʈork]

Non ho ...	**Jag har ...** [ja har ...]
l'acqua	**inget vatten** ['iŋet 'vatən]
la luce	**inget ljus** ['iŋet jʉːs]
l'elettricità	**ingen elektricitet** [iŋen ɛlˈektrisiˈtet]

Può darmi ...?	**Skulle du kunna ge mig ...?** ['skʉlˈe dʉː 'kuna je mɛj ...?]
un asciugamano	**en handduk** [en 'haŋdʉːk]
una coperta	**en filt** [en filˈt]
delle pantofole	**tofflor** ['toflˈor]
un accappatoio	**en badrock** [en 'badrok]
dello shampoo	**schampo** ['şampo]
del sapone	**tvål** [tvoːlˈ]

Vorrei cambiare la camera.	**Jag skulle vilja byta rum.** [ja 'skʉlˈe 'vilja 'byːta ruːm]
Non trovo la chiave.	**Jag hittar inte min nyckel.** [ja 'hitar 'inte min 'nʏkəlˈ]
Potrebbe aprire la mia camera, per favore?	**Skulle du kunna öppna mitt rum, tack?** ['skʉlˈe dʉː 'kuna 'øpna mit rum, tak?]
Chi è?	**Vem är det?** [vem ær dɛ?]
Avanti!	**Kom in!** [kom 'in!]
Un attimo!	**Ett ögonblick!** [et 'øːgonblik!]

Non adesso, per favore.	**Inte just nu, tack.** ['inte jʉst nʉː, tak]
Può venire nella mia camera, per favore.	**Kom till mitt rum, tack.** [kom tilˈ mit ruːm, tak]

Vorrei ordinare qualcosa da mangiare.	**Jag skulle vilja beställa mat via rumsservice.** [ja 'skɵlʲe 'vilja be'stɛlʲa mat via 'ruːmsøːvis]
Il mio numero di camera è …	**Mitt rumsnummer är …** [mit 'ruːms'nɵmer ær …]
Parto …	**Jag reser …** [ja 're:sər …]
Partiamo …	**Vi reser …** [vi: 're:sər …]
adesso	**just nu** ['jɵst nɵ:]
questo pomeriggio	**i eftermiddag** [i 'ɛftə mid'daːg]
stasera	**ikväll** [iːkvɛlʲ]
domani	**imorgon** [i'mɔrgɔn]
domani mattina	**imorgon på morgonen** [i'mɔrgɔn pɔ 'mɔrgɔnən]
domani sera	**imorgon på kvällen** [i'mɔrgɔn pɔ 'kvɛlʲen]
dopodomani	**i övermorgon** [i 'øːvəˌmɔrgɔn]

Vorrei pagare.	**Jag skulle vilja betala.** [ja 'skɵlʲe 'vilja be'taːlʲa]
È stato tutto magnifico.	**Allt var fantastiskt.** [alʲt var fan'tastiskt]
Dove posso prendere un taxi?	**Var kan jag få tag på en taxi?** [var kan ja fo tag pɔ en 'taksi?]
Potrebbe chiamarmi un taxi, per favore?	**Skulle du vilja vara snäll och ringa en taxi åt mig?** ['skɵlʲe dɵ: vilja 'vaːra snɛlʲ o 'riŋa en 'taksi ot mɛj?]

Al Ristorante

Posso vedere il menù, per favore?	**Kan jag få se menyn, tack?** [kan ja fo se me'nyn, tak?]
Un tavolo per una persona.	**Ett bord för en.** [et bo:d før en]
Siamo in due (tre, quattro).	**Vi är två (tre, fyra) personer.** [vi: ær tvo: (tre, 'fy:ra) pɛ:'ʂu:nər]

Fumatori	**Rökare** ['røkarə]
Non fumatori	**Icke rökare** ['ike røkarə]
Mi scusi!	**Ursäkta!** [ɵ:'sɛkta!]
il menù	**meny** [me'ny:]
la lista dei vini	**vinlista** ['vi:nlista]
Posso avere il menù, per favore.	**Menyn, tack.** [me'nyn, tak]

È pronto per ordinare?	**Är ni redo att beställa?** [ɛr ni 'redo at be'stɛlʲa?]
Cosa gradisce?	**Vad önskar du?** [vad 'ønskar dɵ:?]
Prendo ...	**Jag tar ...** [ja tar ...]

Sono vegetariano.	**Jag är vegetarian.** [ja ær vegetari'a:n]
carne	**kött** [ɕø:t]
pesce	**fisk** ['fisk]
verdure	**grönsaker** ['grøn'sakər]
Avete dei piatti vegetariani?	**Har ni vegetariska rätter?** [har ni vege'ta:riska 'rɛtər?]
Non mangio carne di maiale.	**Jag äter inte kött.** [ja 'ɛ:ter 'intə ɕøt]
Lui /lei/ non mangia la carne.	**Han /hon/ äter inte kött.** [han /hon/ 'ɛ:tər 'intə ɕøt]
Sono allergico a ...	**Jag är allergisk mot ...** [ja ær a'lʲɛrgisk mut ...]

Potrebbe portarmi ...

Skulle du kunna ge mig ...
['skʉlʲe dʉ: 'kuna je mɛj ...]

del sale | del pepe | dello zucchero

salt I peppar I socker
[salʲt | 'pepar | 'sokər]

un caffè | un tè | un dolce

kaffe I te I dessert
['kafə | te | de'sɛ:r]

dell'acqua | frizzante | naturale

vatten I kolsyrat I icke kolsyrat
['vaten | 'kɔlʲ'sy:rat | 'ike 'kɔlʲ'sy:rat]

un cucchiaio | una forchetta | un coltello

en sked I gaffel I kniv
[en ʃed | 'gafəlʲ | kni:v]

un piatto | un tovagliolo

en tallrik I servett
[en 'talʲrik | ser'vet]

Buon appetito!

Smaklig måltid!
['smaklig 'molʲtid!]

Un altro, per favore.

En /Ett/ ... till tack.
[en /et/ ... tilʲ tak]

È stato squisito.

Det var utsökt.
[dɛ var 'ʉtsøkt]

---

il conto | il resto | la mancia

nota I växel I dricks
['no:ta | 'vɛksəlʲ | driks]

Il conto, per favore.

Notan, tack.
['no:tan, tak]

Posso pagare con la carta di credito?

Kan jag betala med kreditkort?
[kan ja be'talʲa me kre'dit ko:ʈ?]

Mi scusi, c'è un errore.

Jag beklagar, det är ett misstag här.
[ja be'klʲagar, dɛ ær et 'mistag hæ:r]

Shopping

Posso aiutarla?	**Kan jag hjälpa dig?** [kan ja 'jɛlʲpa dɛj?]
Avete ...?	**Har ni ...?** [har ni ...?]
Sto cercando ...	**Jag letar efter ...** [ja 'lʲetar 'ɛftər ...]
Ho bisogno di ...	**Jag behöver ...** [ja be'høvər ...]
Sto guardando.	**Jag tittar bara.** [ja 'titar 'ba:ra]
Stiamo guardando.	**Vi tittar bara.** [vi 'titar 'ba:ra]
Ripasserò più tardi.	**Jag kommer tillbaka senare.** [ja 'komər tilʲ'baka 'senərə]
Ripasseremo più tardi.	**Vi kommer tillbaka senare.** [vi 'komər tilʲ'baka 'senərə]
sconti | saldi	**rabatt I rea** [ra'bat | 're:a]
Per favore, mi può far vedere ...?	**Skulle du kunna visa mig ...** ['skɵlʲe dɵ: 'kuna 'vi:sa mɛj ...]
Per favore, potrebbe darmi ...	**Skulle du kunna ge mig ...** ['skɵlʲe dɵ: 'kuna je mɛj ...]
Posso provarlo?	**Kan jag prova?** [kan ja 'pru:va?]
Mi scusi, dov'è il camerino?	**Ursäkta mig, var finns provrummen?** [ɵ:'ʂɛkta mɛj, var fins 'pruv‚rumən?]
Che colore desidera?	**Vilken färg vill du ha?** ['vilʲkən 'fæːrj vilʲ dɵ: ha?]
taglia | lunghezza	**storlek I längd** ['storlʲek | lʲɛŋd]
Come le sta?	**Hur sitter den?** [hɵ: 'siter den?]
Quanto costa questo?	**Hur mycket kostar det?** [hɵ: 'mʏke 'kostar dɛ?]
È troppo caro.	**Det är för dyrt.** [de: ær før dy:t]
Lo prendo.	**Jag tar den (det, dem).** [ja tar den (dɛ, dem)]
Mi scusi, dov'è la cassa?	**Ursäkta mig, var betalar man?** [ɵ:'ʂɛkta mɛj, var be'talʲar man?]

Paga in contanti o con carta di credito?	**Betalar du kontant eller med kreditkort?** [be'talʲar dɵ: kon'tant elʲe me kre'dit ko:ʈ?]
In contanti | con carta di credito	**Kontant I med kreditkort** [kon'tant | me kre'dit ko:ʈ]

Vuole lo scontrino?	**Vill du ha kvittot?** [vilʲ dɵ: ha: 'kvitot?]
Si, grazie.	**Ja, tack.** [ja, tak]
No, va bene così.	**Nej, det behövs inte.** [nɛj, dɛ bɛhøvs 'inte]
Grazie. Buona giornata!	**Tack. Ha en bra dag!** [tak. ha en bra: dag!]

In città

Mi scusi, per favore ...	**Ursäkta mig.** [ʉːˈʂɛkta mɛj]
Sto cercando ...	**Jag letar efter ...** [ja ˈlʲetar ˈɛftər ...]
la metropolitana	**tunnelbanan** [ˈtʉnəlʲ ˈbaːnan]
il mio albergo	**mitt hotell** [mit hoˈtelʲ]
il cinema	**biografen** [bioˈgrafən]
il posteggio taxi	**en taxistation** [en ˈtaksi staˈfjuːn]

un bancomat	**en uttagsautomat** [en ʉːˈtaːgs autoˈmat]
un ufficio dei cambi	**ett växlingskontor** [et ˈvɛksliŋs konˈtuːr]
un internet café	**ett internetkafé** [et ˈinternet kaˈfe]
via ...	**... gatan** [... ˈgatan]
questo posto	**den här platsen** [den hæːr ˈplʲatsən]

Sa dove si trova ...?	**Vet du var ... ligger?** [vet dʉː var ... ˈligər?]
Come si chiama questa via?	**Vilken gata är det här?** [ˈvilʲkən gata ær dɛ hæːr?]
Può mostrarmi dove ci troviamo?	**Kan du visa mig var vi är nu.** [kan dʉː ˈviːsa mɛj var vi ær nʉː]
Posso andarci a piedi?	**Kan jag ta mig dit till fots?** [kan ja ta mɛj dit tilʲ ˈfɔts?]
Avete la piantina della città?	**Har ni en karta över stan?** [har ni en ˈkaːʈa øːver stan?]

Quanto costa un biglietto?	**Hur mycket kostar inträdet?** [hʉː ˈmʏke ˈkostar intrɛdet?]
Si può fotografare?	**Får jag fotografera här?** [for ja fʊtʊgraˈfera hæːr?]
E' aperto?	**Har ni öppet?** [har ni øpet?]

Quando aprite?

När öppnar ni?
[nɛr øpnar ni?]

Quando chiudete?

När stänger ni?
[nɛr 'stɛŋər ni?]

Soldi

Soldi	**pengar** ['peŋar]
contanti	**kontanter** [kon'tantər]
banconote	**sedlar** ['sedlʲar]
monete	**småpengar** ['smoː'peŋar]
conto | resto | mancia	**nota I växel I dricks** ['noːta | 'vɛksəlʲ | driks]

carta di credito	**kreditkort** [kre'dit koːt]
portafoglio	**plånbok** ['plʲoːnbʊk]
comprare	**att köpa** [at 'çøpa]
pagare	**att betala** [at be'talʲa]
multa	**böter** ['bøter]
gratuito	**gratis** ['gratis]

Dove posso comprare ...?	**Var kan jag köpa ...?** [var kan ja 'çøpa ...?]
La banca è aperta adesso?	**Är banken öppen nu?** [ɛr 'bankøen 'øpen nʉː?]
Quando apre?	**När öppnar den?** [nɛr øpnar dɛn?]
Quando chiude?	**När stänger den?** [nɛr 'stɛŋər den?]

Quanto costa?	**Hur mycket?** [hʉː 'mʏke?]
Quanto costa questo?	**Hur mycket kostar den här?** [hʉː 'mʏke 'kostar den hæːr?]
È troppo caro.	**Det är för dyrt.** [deː ær før dyːt]

Scusi, dov'è la cassa?	**Ursäkta mig, var betalar man?** [ʉː'ʂɛkta mɛj, var be'talʲar man?]
Il conto, per favore.	**Notan, tack.** ['noːtan, tak]

Posso pagare con la carta di credito?

Kan jag betala med kreditkort?
[kan ja be'tal¹a me kre'dit ko:t?]

C'è un bancomat?

Finns det en uttagsautomat här?
[fins dɛ en 'ʉtags auto'mat hæ:r?]

Sto cercando un bancomat.

Jag letar efter en uttagsautomat.
[ja 'l¹etar 'ɛftər en ʉ:'tags auto'mat]

Sto cercando un ufficio dei cambi.

Jag letar efter ett växlingskontor.
[ja 'l¹etar 'ɛftər et 'vɛksliŋs kon'tu:r]

Vorrei cambiare ...

Jag skulle vilja växla ...
[ja 'skʉl¹e 'vilja 'vɛksl¹a ...]

Quanto è il tasso di cambio?

Vad är växlingskursen?
[vad ær 'vɛksliŋs 'kʉ:ʂən?]

Ha bisogno del mio passaporto?

Behöver du mitt pass?
[be'høvər dʉ: mit pas?]

Le ore

Che ore sono?	**Vad är klockan?** [vad ær 'klˠokan?]
Quando?	**När?** [nɛr?]
A che ora?	**Vid vilken tid?** [vid 'vilˠkən tid?]
adesso | più tardi | dopo …	**nu I senare I efter …** [nʉ: | 'senarə | 'ɛftər …]

l'una	**klockan ett** ['klˠokan et]
l'una e un quarto	**kvart över ett** [kva:ʈ 'ø:vər et]
l'una e trenta	**halv två** [halˠv tvo:]
l'una e quarantacinque	**kvart i två** [kva:ʈ i tvo:]

uno | due | tre	**ett I två I tre** [et | tvo: | tre]
quattro | cinque | sei	**fyra I fem I sex** ['fy:ra | fem | sɛks]
sette | otto | nove	**sju I åtta I nio** [ɧʉ: | 'ota | 'ni:o]
dieci | undici | dodici	**tio I elva I tolv** ['ti:o | 'elˠva | tolˠv]

fra …	**om …** [om …]
cinque minuti	**fem minuter** [fem mi'nʉ:tər]
dieci minuti	**tio minuter** ['ti:o mi'nʉ:tər]
quindici minuti	**femton minuter** ['femton mi'nʉ:tər]
venti minuti	**tjugo minuter** ['ɕʉ:go mi'nʉ:tər]
mezzora	**en halvtimme** [en 'halˠv'timə]
un'ora	**en timme** [en 'timə]

la mattina	**på morgonen** [pɔ 'mɔrgɔnən]
la mattina presto	**tidigt på morgonen** ['tidit pɔ 'mɔrgɔnən]
questa mattina	**den här morgonen** [den hæ:r 'mɔrgɔnən]
domani mattina	**imorgon på morgonen** [i'mɔrgɔn pɔ 'mɔrgɔnən]
all'ora di pranzo	**mitt på dagen** [mit pɔ 'dagən]
nel pomeriggio	**på eftermiddagen** [pɔ 'ɛftə mid'dagən]
la sera	**på kvällen** [pɔ 'kvɛlʲen]
stasera	**ikväll** [i:kvɛlʲ]
la notte	**på natten** [pɔ 'natən]
ieri	**i går** [i gɔ:r]
oggi	**idag** [ida:g]
domani	**imorgon** [i'mɔrgɔn]
dopodomani	**i övermorgon** [i 'ø:vəˌmɔrgɔn]
Che giorno è oggi?	**Vad är det för dag idag?** [vad ær dɛ før da:g 'ida:g?]
Oggi è …	**Det är …** [de: ær …]
lunedì	**måndag** ['mɔndag]
martedì	**tisdag** ['ti:sdag]
mercoledì	**onsdag** ['onsdag]
giovedì	**torsdag** ['to:ʂdag]
venerdì	**fredag** ['fre:dag]
sabato	**lördag** ['lʲø:dag]
domenica	**söndag** ['sœndag]

Saluti - Presentazione

Salve.	**Hej** [hɛj]
Lieto di conoscerla.	**Trevligt att träffas.** ['trɛvligt at trɛfas]
Il piacere è mio.	**Detsamma.** [de'sama]
Vi presento ...	**Jag skulle vilja träffa ...** [ja 'skulje 'vilja 'trɛfa ...]
Molto piacere.	**Trevligt att träffas.** ['trɛvligt at trɛfas]

Come sta?	**Hur står det till?** [huː stoː dɛ tiljʔ]
Mi chiamo ...	**Jag heter ...** [ja 'hetər ...]
Si chiama ... (m)	**Han heter ...** [han 'hetər ...]
Si chiama ... (f)	**Hon heter ...** [hon 'hetər ...]
Come si chiama?	**Vad heter du?** [vad 'hetər duː?]
Come si chiama lui?	**Vad heter han?** [vad 'hetər han?]
Come si chiama lei?	**Vad heter hon?** [vad 'hetər hon?]

Qual'è il suo cognome?	**Vad heter du i efternamn?** [vad 'hetər duː i 'ɛftəˌŋamn?]
Può chiamarmi ...	**Du kan kalla mig ...** [duː kan 'kaljɑ mɛj ...]
Da dove viene?	**Varifrån kommer du?** ['varifron 'komər duː?]
Vengo da ...	**Jag kommer från ...** [ja 'komər fron ...]
Che lavoro fa?	**Vad arbetar du med?** [vad ar'betar duː meː?]
Chi è?	**Vem är det här?** [vem ær dɛ hæːr?]
Chi è lui?	**Vem är han?** [vem ær han?]
Chi è lei?	**Vem är hon?** [vem ær hon?]
Chi sono loro?	**Vilka är de?** ['viljka ær dom?]

Questo è …	**Det här är …** [de: hæ:r ær …]
il mio amico	**min vän** [min vɛn]
la mia amica	**min väninna** [min vɛ'nina]
mio marito	**min man** [min man]
mia moglie	**min fru** [min frʉ:]

mio padre	**min far** [min fa:r]
mia madre	**min mor** [min mo:r]
mio fratello	**min bror** [min 'bru:r]
mia sorella	**min syster** [min 'sʏstər]
mio figlio	**min son** [min so:n]
mia figlia	**min dotter** [min 'dotər]

Questo è nostro figlio.	**Det här är vår son.** [de: hæ:r ær vor son]
Questa è nostra figlia.	**Det här är vår dotter.** [de: hæ:r ær vor 'dotər]
Questi sono i miei figli.	**Det här är mina barn.** [de: hæ:r ær 'mina ba:n]
Questi sono i nostri figli.	**Det här är våra barn.** [de: hæ:r ær 'vo:ra ba:n]

Saluti di commiato

Arrivederci!	**På återseende! Hej då!** [pɔ ote:'ʂeəndə! hɛj do:!]
Ciao!	**Hej då!** [hɛj do:!]
A domani.	**Vi ses imorgon.** [vi ses i'mɔrgɔn]
A presto.	**Vi ses snart.** [vi ses sna:t]
Ci vediamo alle sette.	**Vi ses klockan sju.** [vi ses 'klʲokan ɧʉ:]
Divertitevi!	**Ha det så roligt!** [ha dɛ so 'roligt!]
Ci sentiamo più tardi.	**Vi hörs senare.** [vi hø:ʂ 'senarə]
Buon fine settimana.	**Ha en trevlig helg.** [ha en 'trɛvlig helj]
Buona notte	**Godnatt.** [god'nat]
Adesso devo andare.	**Det är dags för mig att ge mig av.** [de: ær da:gs før mɛj at je mɛj av]
Devo andare.	**Jag behöver ge mig av.** [ja be'høvər je mɛj av]
Torno subito.	**Jag kommer strax tillbaka.** [ja 'komər straks tilʲ'baka]
È tardi.	**Det är sent.** [de: ær sɛnt]
Domani devo alzarmi presto.	**Jag måste gå upp tidigt.** [ja 'mostə go up 'tidit]
Parto domani.	**Jag ger mig av imorgon.** [ja jer mɛj av i'mɔrgɔn]
Partiamo domani.	**Vi ger oss av imorgon.** [vi je:r os av i'mɔrgɔn]
Buon viaggio!	**Trevlig resa!** ['trɛvlig 'resa!]
È stato un piacere conoscerla.	**Det var trevligt att träffas.** [dɛ var 'trɛvligt at trɛfas]
È stato un piacere parlare con lei.	**Det var trevligt att prata med dig.** [de: var 'trɛvligt at 'pra:ta me dɛj]
Grazie di tutto.	**Tack för allt.** [tak før alʲt]

Mi sono divertito.	**Jag hade väldigt trevligt.** [ja 'hadə 'vɛlʲdigt 'trɛvligt]
Ci siamo divertiti.	**Vi hade väldigt trevligt.** [vi 'hade 'vɛlʲdigt 'trɛvligt]
È stato straordinario.	**Det var verkligen trevligt.** [dɛ var 'vɛrkligən 'trɛvligt]
Mi mancherà.	**Jag kommer att sakna dig.** [ja 'komər at 'sakna dɛj]
Ci mancherà.	**Vi kommer att sakna dig.** [vi 'komer at 'sakna dɛj]

Buona fortuna!	**Lycka till!** ['lʲʏka tilʲ!]
Mi saluti ...	**Hälsa till ...** ['hɛlʲsa tilʲ ...]

Lingua straniera

Non capisco.	**Jag förstår inte.** [ja fø:'ṣto:r 'intə]
Può scriverlo, per favore.	**Skulle du kunna skriva ner det.** ['skʉlʲe dʉ: 'kuna 'skri:va ner dɛ]
Parla ...?	**Talar du ...** ['talʲar dʉ: ...]

Parlo un po' ...	**Jag talar lite ...** [ja 'talʲar 'lʲitə ...]
inglese	**engelska** ['ɛŋelʲska]
turco	**turkiska** ['tʉrkiska]
arabo	**arabiska** [a'rabiska]
francese	**franska** ['franska]

tedesco	**tyska** ['tʏska]
italiano	**italienska** [ita'lje:nska]
spagnolo	**spanska** ['spanska]
portoghese	**portugisiska** [po:tʉ'gi:siska]
cinese	**kinesiska** [ɕi'nesiska]
giapponese	**japanska** [ja'pa:nska]

Può ripetere, per favore.	**Kan du upprepa det, tack.** [kan dʉ: 'uprepa dɛ, tak]
Capisco.	**Jag förstår.** [ja fø:'ṣto:r]
Non capisco.	**Jag förstår inte.** [ja fø:'ṣto:r 'intə]
Può parlare più piano, per favore.	**Kan du prata långsammare, tack.** [kan dʉ: 'pra:ta lʲo:ŋ'samarə, tak]

È corretto?	**Är det rätt?** [ɛr dɛ rɛt?]
Cos'è questo? (Cosa significa?)	**Vad är det här?** [vad ær dɛ hɛr?]

Chiedere scusa

Mi scusi, per favore.	**Ursäkta mig.** [ʉ:'ʂɛkta mɛj]
Mi dispiace.	**Jag är ledsen.** [ja ær 'lʲesən]
Mi dispiace molto.	**Jag är verkligen ledsen.** [ja ær 'vɛrkligən 'lʲesen]
Mi dispiace, è colpa mia.	**Jag är ledsen, det är mitt fel.** [ja ær 'lʲesən, dɛ ær mit felʲ]
È stato un mio errore.	**Det är jag som har gjort ett misstag.** [de: ær ja som har jo:ʈ et 'mistag]

Posso ...?	**Får jag ... ?** [for ja: ...?]
Le dispiace se ...?	**Har du något emot om jag ...?** [har dʉ: 'no:gɔt ɛ'mo:t om ja ...?]
Non fa niente.	**Det är okej.** [de: ær ɔ'kej]
Tutto bene.	**Det är okej.** [de: ær ɔ'kej]
Non si preoccupi.	**Tänk inte på det.** [tɛnk 'intə pɔ dɛ]

Essere d'accordo

Sì.	**Ja** [ja]
Sì, certo.	**Ja, säkert.** [ja, 'sɛ:ket]
Bene.	**Bra!** [bra:!]
Molto bene.	**Mycket bra.** ['mʏke bra:]
Certamente!	**Ja visst!** [ja vist!]
Sono d'accordo.	**Jag håller med.** [ja 'holʲer me:]

Esatto.	**Det stämmer.** [de: 'stɛmər]
Giusto.	**Det är rätt.** [de: ær rɛt]
Ha ragione.	**Du har rätt.** [dʉ: har rɛt]
È lo stesso.	**Jag har inget emot det.** [ja har 'iŋet ɛ'mo:t dɛ]
È assolutamente corretto.	**Det stämmer helt.** [de: 'stɛmər helʲt]

È possibile.	**Det är möjligt.** [de: ær 'møjligt]
È una buona idea.	**Det är en bra idé.** [de: ær en bra: i'de:]
Non posso dire di no.	**Jag kan inte säga nej.** [ja kan 'intə 'sɛja nɛj]
Ne sarei lieto /lieta/.	**Det gör jag gärna.** [de: jør ja 'jæ:ŋa]
Con piacere.	**Med nöje.** [me 'nøje]

Diniego. Esprimere incertezza

No.

Nej
[nɛj]

Sicuramente no.

Verkligen inte.
['vɛrkligən 'intə]

Non sono d'accordo.

Jag håller inte med.
[ja 'holʲer 'intə meː]

Non penso.

Jag tror inte det.
[ja tror 'intə dɛ]

Non è vero.

Det är inte sant.
[deː ær 'intə sant]

Si sbaglia.

Du har fel.
[dʉː har felʲ]

Penso che lei si stia sbagliando.

Jag tycker att du har fel.
[ja 'tʏkər at dʉː har felʲ]

Non sono sicuro.

Jag är inte säker.
[ja ær 'inte 'sɛːkər]

È impossibile.

Det är omöjligt.
[deː ær uː'mœjligt]

Assolutamente no!

Absolut inte!
[absoʲ'lʲʉt 'intə!]

Esattamente il contrario!

Raka motsatsen.
['raːka 'moːtsatsən]

Sono contro.

Jag är emot det.
[ja ær ɛ'moːt dɛ]

Non m'interessa.

Jag bryr mig inte om det.
[ja bryːr mɛj 'intə om dɛ]

Non ne ho idea.

Jag har ingen aning.
[ja har 'iŋen 'aniŋ]

Dubito che sia così.

Jag betvivlar det.
[ja bet'vivlʲar dɛ]

Mi dispiace, non posso.

Jag är ledsen, det kan jag inte.
[ja ær 'lʲesən, dɛ kan ja 'intə]

Mi dispiace, non voglio.

Jag är ledsen, det vill jag inte.
[ja ær 'lʲesən, dɛ vilʲ ja 'intə]

Non ne ho bisogno, grazie.

Nej, tack.
[nɛj, tak]

È già tardi.

Det börjar bli sent.
[deː 'børjar bli sɛnt]

Devo alzarmi presto.

Jag måste gå upp tidigt.
[ja 'mostə go up 'tidit]

Non mi sento bene.

Jag mår inte bra.
[ja mor 'intə bra:]

Esprimere gratitude

Grazie.	**Tack** [tak]
Grazie mille.	**Tack så mycket.** [tak so 'mʏke]
Le sono riconoscente.	**Jag uppskattar det verkligen.** [ja 'upskatar dɛ 'vɛrkligən]
Le sono davvero grato.	**Jag är verkligen tacksam mot dig.** [ja ær 'vɛrkligən 'taksam mot dɛj]
Le siamo davvero grati.	**Vi är verkligen tacksamma mot dig.** [vi: ær 'vɛrkligən 'taksama moːt dɛj]

Grazie per la sua disponibilità.	**Tack för dig stund.** [tak før dɛj stund]
Grazie di tutto.	**Tack för allt.** [tak før alʲt]
Grazie per ...	**Tack för ...** [tak før ...]
il suo aiuto	**din hjälp** [din jɛlʲp]
il bellissimo tempo	**en trevlig tid** [en 'trɛvlig tid]

il delizioso pranzo	**en fantastisk måltid** [en fan'tastisk 'molʲtid]
la bella serata	**en trevlig kväll** [en 'trɛvlig kvɛlʲ]
la bella giornata	**en underbar dag** [en 'undəbar daːg]
la splendida gita	**en fantastisk resa** [en fan'tastisk 'resa]

Non c'è di che.	**Ingen orsak.** ['iŋen 'uːʂak]
Prego.	**Väl bekomme.** [vɛlʲ be'komə]
Con piacere.	**Ingen orsak.** ['iŋen 'uːʂak]
È stato un piacere.	**Nöjet är helt på min sida.** ['nøjet ær helʲt pɔ min 'siːda]
Non ci pensi neanche.	**Ingen orsak.** ['iŋen 'uːʂak]
Non si preoccupi.	**Tänk inte på det.** [tɛnk 'intə pɔ dɛ]

Congratulazioni. Auguri

Congratulazioni!	**Gratulationer!** [gratɵlʲa'ɧuːnər!]
Buon compleanno!	**Grattis på födelsedagen!** ['gratis pɔ 'fødelʲsə 'dagen!]
Buon Natale!	**God Jul!** [god jɵːlʲ!]
Felice Anno Nuovo!	**Gott Nytt År!** [got nʏt oːr!]
Buona Pasqua!	**Glad Påsk!** [glʲad 'posk!]
Felice Hanukkah!	**Glad Chanukka!** [glʲad 'hanɵka!]
Vorrei fare un brindisi.	**Jag skulle vilja utbringa en skål.** [ja 'skɵlʲe 'vilja ɵːt'briŋa en skolʲ]
Salute!	**Skål!** [skolʲ!]
Beviamo a ...!	**Låt oss dricka för ...!** [lʲot os 'drika før ...!]
Al nostro successo!	**För vår framgång!** [før vor 'framgoːŋ!]
Al suo successo!	**För dig framgång!** [før dɛj 'framgoːŋ!]
Buona fortuna!	**Lycka till!** ['lʲʏka tilʲ!]
Buona giornata!	**Ha en bra dag!** [ha en braː dag!]
Buone vacanze!	**Ha en bra helg!** [ha en braː helj!]
Buon viaggio!	**Säker resa!** ['sɛːkər 'resa!]
Spero guarisca presto!	**Krya på dig!** ['krya pɔ dɛj!]

Socializzare

Perchè è triste?	**Varför är du ledsen?** ['vaːføːr ær dɵ: 'ɭesən?]
Sorrida!	**Får jag se ett leende? Upp med hakan!** [for ja se et 'ɭeəndə? up me 'haːkan!]
È libero stasera?	**Är du ledig ikväll?** [ɛr dɵ: 'ɭeːdig iːkvɛɭ?]

Posso offrirle qualcosa da bere?	**Får jag bjuda på en drink?** [for ja 'bjɵːda pɔ en drink?]
Vuole ballare?	**Vill du dansa?** [viɭ dɵ: 'dansa?]
Andiamo al cinema.	**Låt oss gå på bio.** [ɭot os go pɔ 'biːo]

Posso invitarla ...?	**Får jag bjuda dig på ...?** [for ja 'bjɵːda dɛj pɔ ...?]
al ristorante	**restaurang** [rɛstɔ'raŋ]
al cinema	**bio** ['bio]
a teatro	**teater** [te'aːter]
a fare una passeggiata	**gå på en promenad** ['go pɔ en prome'nad]

A che ora?	**Vilken tid?** ['vilɭkən tid?]
stasera	**ikväll** [iːkvɛɭ]
alle sei	**vid sex** [vid 'sɛks]
alle sette	**vid sju** [vid ɧɵ:]
alle otto	**vid åtta** [vid 'ota]
alle nove	**vid nio** [vid 'niːo]

Le piace qui?	**Gillar du det här stället?** ['jilɭar dɵ: dɛ hæːr 'stɛlɭet?]
È qui con qualcuno?	**Är du här med någon?** [ɛr dɵ: hæːr me 'noːgɔn?]
Sono con un amico /una amica/.	**Jag är här med min vän /väninna/.** [ja ær hæːr me min vɛn /vɛ'nina/]

Sono con i miei amici.	**Jag är här med mina vänner.** [ja ær hæ:r me 'mina 'vɛnər]
No, sono da solo /sola/.	**Nej, jag är ensam.** [nɛj, ja ær 'ɛnsam]

Hai il ragazzo?	**Har du pojkvän?** [har dʉ: 'pojkvɛn?]
Ho il ragazzo.	**Jag har pojkvän.** [ja har 'pojkvɛn]
Hai la ragazza?	**Har du flickvän?** [har dʉ: 'flikvɛn?]
Ho la ragazza.	**Jag har flickvän.** [ja har 'flʲikvɛn]

Posso rivederti?	**Får jag träffa dig igen?** [for ja 'trɛfa dɛj i'jen?]
Posso chiamarti?	**Kan jag ringa dig?** [kan ja 'riŋa dɛj?]
Chiamami.	**Ring mig.** ['riŋ mɛj]
Qual'è il tuo numero?	**Vad har du för nummer?** [vad har dʉ: før 'nʉmər?]
Mi manchi.	**Jag saknar dig.** [ja 'saknar dɛj]

Ha un bel nome.	**Du har ett vackert namn.** [dʉ: har et 'vake:t namn]
Ti amo.	**Jag älskar dig.** [ja 'ɛlʲskər dɛj]
Mi vuoi sposare?	**Vill du gifta dig med mig?** [vilʲ dʉ: 'jifta dɛj me mɛj?]
Sta scherzando!	**Du skämtar!** [dʉ: 'ʃɛmtar!]
Sto scherzando.	**Jag skämtar bara.** [ja 'ʃɛmtar 'ba:ra]

Lo dice sul serio?	**Menar du allvar?** ['me:nar dʉ: 'alʲva:r?]
Sono serio.	**Jag menar allvar.** [ja 'me:nar 'alʲva:r]
Davvero?!	**Verkligen?!** ['vɛrkligən?!]
È incredibile!	**Det är otroligt!** [de: ær u:'tro:ligt!]
Non le credo.	**Jag tror dig inte.** [ja tror dɛj 'intə]
Non posso.	**Jag kan inte.** [ja kan 'intə]
No so.	**Jag vet inte.** [ja vet 'intə]
Non la capisco.	**Jag förstår dig inte.** [ja fø:'ʂto:r dɛj 'intə]

Per favore, vada via.

Mi lasci in pace!

Var snäll och gå.
[var snɛlʲ o goː]

Lämna mig ifred!
['lʲɛːmna mɛj ifreːd!]

Non lo sopporto.

Lei è disgustoso!

Chiamo la polizia!

Jag står inte ut med honom.
[ja stoːr 'intə ʉt me 'honom]

Du är vedervärdig!
[dʉː ær 'vedervæːɖig!]

Jag ska ringa polisen!
[ja ska 'riŋa po'lʲiːsən!]

Comunicare impressioni ed emozioni

Mi piace.	**Jag tycker om det.** [ja 'tʏkər om dɛ]
Molto carino.	**Jättefint.** ['jɛtefint]
È formidabile!	**Det är fantastiskt!** [de: ær fan'tastiskt!]
Non è male.	**Det är inte illa.** [de: ær 'intə 'ilʲa]

Non mi piace.	**Jag gillar det inte.** [ja 'jilʲar dɛ 'intəe]
Non è buono.	**Det är inte bra.** [de: ær 'intə bra:]
È cattivo.	**Det är illa.** [de: ær 'ilʲa]
È molto cattivo.	**Det är väldigt dåligt.** [de: ær 'vɛlʲdigt 'do:ligt]
È disgustoso.	**Det är förskräckligt.** [de: ær fø:'ʂkrɛkligt]

Sono felice.	**Jag är glad.** [ja ær glʲad]
Sono contento /contenta/.	**Jag är nöjd.** [ja ær 'nøjd]
Sono innamorato /innamorata/.	**Jag är kär.** [ja ær 'kæ:r]
Sono calmo.	**Jag är lugn.** [ja ær 'lʲʉŋn]
Sono annoiato.	**Jag är uttråkad.** [ja ær ʉt'trokad]

Sono stanco /stanca/.	**Jag är trött.** [ja ær trøt]
Sono triste.	**Jag är ledsen.** [ja ær 'lʲesən]
Sono spaventato.	**Jag är rädd.** [ja ær rɛd]
Sono arrabbiato /arrabiata/.	**Jag är arg.** [ja ær arj]
Sono preoccupato /preoccupata/.	**Jag är orolig.** [ja ær u'rulig]
Sono nervoso /nervosa/.	**Jag är nervös.** [ja ær ner'vø:s]

Sono geloso /gelosa/.

Jag är svartsjuk.
[ja ær 'svɑːʈɧʉːk]

Sono sorpreso /sorpresa/.

Jag är överraskad.
[ja ær øːvɛ'raskad]

Sono perplesso.

Jag är förvirrad.
[ja ær før'virad]

Problemi. Incidenti

Ho un problema.	**Jag har ett problem.** [ja har et prɔ'bliem]
Abbiamo un problema.	**Vi har ett problem.** [vi har et prɔ'bliem]
Sono perso /persa/.	**Jag är vilse.** [ja ær 'vilisə]
Ho perso l'ultimo autobus (treno).	**Jag missade sista bussen (tåget).** [ja 'misadə 'sista 'busən ('toːget)]
Non ho più soldi.	**Jag har inga pengar kvar.** [ja har 'iŋa 'peŋar kvaːr]

Ho perso ...	**Jag har förlorat ...** [ja har føː[lorat ...]
Mi hanno rubato ...	**Någon har stulit ...** ['noːgɔn har 'stuːlit ...]
il passaporto	**mitt pass** [mit pas]
il portafoglio	**min plånbok** [min 'plioːnbʊk]
i documenti	**mina handlingar** ['mina 'handliŋar]
il biglietto	**min biljett** [min bi'liet]

i soldi	**mina pengar** ['mina 'peŋar]
la borsa	**min handväska** [min 'hand͜vɛska]
la macchina fotografica	**min kamera** [min 'kaːmera]
il computer portatile	**min laptop** [min 'liaptop]
il tablet	**min surfplatta** [min 'sʉrfpliata]
il telefono cellulare	**min mobiltelefon** [min mo'bili telie'fɔn]

Aiuto!	**Hjälp mig!** ['jɛlip mɛj!]
Che cosa è successo?	**Vad har hänt?** [vad har hɛnt?]
fuoco	**brand** [brand]

sparatoria	**skottlossning** [skot'lʲosniŋ]
omicidio	**mord** ['moːɖ]
esplosione	**explosion** [ɛkuslʲɔ'ɧuːn]
rissa	**slagsmål** ['slʲaks moːlʲ]

Chiamate la polizia!	**Ring polisen!** ['riŋ po'liːsən!]
Per favore, faccia presto!	**Snälla skynda på!** ['snɛlʲa 'ɧʏnda poː!]
Sto cercando la stazione di polizia.	**Jag letar efter polisstationen.** [ja 'lʲetar 'ɛftər po'lʲis sta'ɧuːnən]
Devo fare una telefonata.	**Jag behöver ringa ett samtal.** [ja be'høvər 'riŋa et 'samtalʲ]
Posso usare il suo telefono?	**Får jag använda din telefon?** [for ja 'anvɛnda din telʲe'fɔn?]

Sono stato /stata/ ...	**Jag har blivit ...** [ja har 'blivit ...]
aggredito /aggredita/	**rånad** ['ronad]
derubato /derubata/	**bestulen** [be'stʉːlʲen]
violentata	**våldtagen** ['volʲd̩tagən]
assalito /assalita/	**angripen** ['aŋripən]

Lei sta bene?	**Är det okej med dig?** [ɛr dɛ ɔ'kej me dɛj?]
Ha visto chi è stato?	**Såg du vem det var?** [sog dʉː vɛm dɛ vaːr?]
È in grado di riconoscere la persona?	**Skulle du kunna känna igen personen?** ['skʉlʲe dʉː 'kuna kɛna ijen pɛ:'ʂuːnən?]
È sicuro?	**Är du säker?** [ɛr dʉː 'sɛːker?]

Per favore, si calmi.	**Snälla lugna ner dig.** ['snɛlʲa 'lʲʉnʲa ne dɛj]
Si calmi!	**Ta det lugnt!** [ta dɛ lʲʉŋt!]
Non si preoccupi.	**Oroa dig inte!** ['oːroa dɛj 'intə!]
Andrà tutto bene.	**Allt kommer att bli bra.** [alʲt 'komər at bli braː]
Va tutto bene.	**Allt är okej.** [alʲt ær ɔ'kej]

Venga qui, per favore.

Vill du vara snäll och följa med?
[vilʲ dʉ: 'va:ra snɛlʲ o 'følʲa me:?]

Devo porle qualche domanda.

Jag har några frågor till dig.
[ja har 'nogra 'frogor tilʲ dɛj]

Aspetti un momento, per favore.

**Var snäll och vänta
ett ögonblick, tack.**
[var snɛlʲ o 'vɛnta
et 'ø:gɔnblik, tak]

Ha un documento d'identità?

Har du någon legitimation?
[har dʉ: 'no:gɔn lʲegitima'ɧu:n?]

Grazie. Può andare ora.

Tack. Du kan gå nu.
[tak. dʉ: kan go nʉ:]

Mani dietro la testa!

Händerna bakom huvudet!
['hɛnderna 'bakom 'hʉvʉdet!]

È in arresto!

Du är anhållen!
[dʉ: ær an'holʲen!]

Problemi di salute

Mi può aiutare, per favore.	**Snälla hjälp mig.** ['snɛlʲa jɛlʲp mɛj]
Non mi sento bene.	**Jag mår inte bra.** [ja mor 'intə bra:]
Mio marito non si sente bene.	**Min man mår inte bra.** [min man mor 'intə bra:]
Mio figlio ...	**Min son ...** [min so:n ...]
Mio padre ...	**min far ...** [min fa:r ...]
Mia moglie non si sente bene.	**Min fru mår inte bra.** [min frʉ: mor 'intə bra:]
Mia figlia ...	**Min dotter ...** [min 'dotər ...]
Mia madre ...	**Min mor ...** [min mo:r ...]
Ho mal di ...	**Jag har ...** [ja har ...]
testa	**huvudvärk** ['hʉ:vʉd'væ:rk]
gola	**halsont** ['halʲsʊnt]
pancia	**värk i magen** [vɛrk i 'ma:gən]
denti	**tandvärk** ['tand‚vɛrk]
Mi gira la testa.	**Jag känner mig yr.** [ja 'ɕɛnər mɛj y:r]
Ha la febbre. (m)	**Han har feber.** [han har 'febər]
Ha la febbre. (f)	**Hon har feber.** [hon har 'febər]
Non riesco a respirare.	**Jag kan inte andas.** [ja kan 'intə 'andas]
Mi manca il respiro.	**Jag har andnöd.** [ja har 'andnød]
Sono asmatico.	**Jag är astmatiker.** [ja ær ast'matiker]
Sono diabetico /diabetica/.	**Jag är diabetiker.** [ja ær dia'betikər]

Soffro d'insonnia.

Jag kan inte sova.
[ja kan 'intə 'so:va]

intossicazione alimentare

matförgiftning
['ma:tfø:'jiftniŋ]

Fa male qui.

Det gör ont här.
[de: jør ont hæ:r]

Mi aiuti!

Hjälp mig!
['jɛlʲp mɛj!]

Sono qui!

Jag är här!
[ja ær 'hæ:r!]

Siamo qui!

Vi är här!
[vi: ær hæ:r!]

Mi tiri fuori di qui!

Ta mig härifrån!
[ta mɛj 'hɛrifron!]

Ho bisogno di un dottore.

Jag behöver en läkare.
[ja be'høvər en 'lʲɛ:karə]

Non riesco a muovermi.

Jag kan inte röra mig.
[ja kan 'intə 'rø:ra mɛj]

Non riesco a muovere le gambe.

Jag kan inte röra mina ben.
[ja kan 'intə 'rø:ra 'mina bɛn]

Ho una ferita.

Jag har ett sår.
[ja har et so:r]

È grave?

Är det allvarligt?
[ɛr dɛ 'alʲva:rligt?]

I miei documenti sono in tasca.

Mina dokument är i min ficka.
['mina dokɵ'ment ær i min 'fika]

Si calmi!

Lugna ner dig!
['lʲɵnʲa ne: dɛj!]

Posso usare il suo telefono?

Får jag använda din telefon?
[for ja 'anvɛnda din telʲe'fon?]

Chiamate l'ambulanza!

Ring efter en ambulans!
['riŋ 'ɛftər en ambɵ'lʲans!]

È urgente!

Det är brådskande!
[de: ær 'brodskandə!]

È un'emergenza!

Det är ett nödfall!
[de: ær et 'nødfalʲ!]

Per favore, faccia presto!

Snälla, skynda dig!
['snɛlʲa, 'ɧynda dɛj!]

Per favore, chiamate un medico.

Vill du vara snäll och ringa en läkare?
[vilʲ dɵ: 'va:ra snɛlʲ o 'riŋa en 'lʲɛ:karə?]

Dov'è l'ospedale?

Var är sjukhuset?
[var ær 'ɧɵ:khɵ:set?]

Come si sente?

Hur mår du?
[hɵ: mor dɵ:?]

Sta bene?

Är du okej?
[ɛr dɵ: ɔ'kej?]

Che cosa è successo?

Vad har hänt?
[vad har hɛnt?]

Mi sento meglio ora.

Jag mår bättre nu.
[ja mor 'bɛtrə nɯ:]

Va bene.

Det är okej.
[de: ær ɔ'kej]

Va tutto bene.

Det är okej.
[de: ær ɔ'kej]

In farmacia

farmacia	**apotek** [apʊ'tek]
farmacia di turno	**dygnet runt-öppet apotek** ['dynʲet rʉnt-'øpet apʊ'tek]
Dov'è la farmacia più vicina?	**Var finns närmsta apotek?** [var fins 'nɛrmsta apʊ'tek?]
È aperta a quest'ora?	**Är det öppet nu?** [ɛr dɛ 'øpet nʉ:?]
A che ora apre?	**Vilken tid öppnar det?** ['vilʲkən tid 'øpnar dɛ?]
A che ora chiude?	**Vilken tid stänger det?** ['vilʲkən tid 'stɛŋər dɛ?]
È lontana?	**Är det långt?** [ɛr dɛ 'lʲo:ŋt?]
Posso andarci a piedi?	**Kan jag ta mig dit till fots?** [kan ja ta mɛj dit tilʲ 'fots?]
Può mostrarmi sulla piantina?	**Kan du visa mig på kartan?** [kan dʉ: 'vi:sa mɛj pɔ 'ka:ʈan?]
Per favore, può darmi qualcosa per ...	**Snälla ge mig någonting mot ...** ['snɛlʲa je mɛj 'no:gɔntiŋ mot ...]
il mal di testa	**huvudvärk** ['hʉ:vʉdˈvæ:rk]
la tosse	**hosta** ['hosta]
il raffreddore	**förkylning** [før'çylʲniŋ]
l'influenza	**influensan** [inflʲʉ'ensan]
la febbre	**feber** ['feber]
il mal di stomaco	**magont** ['ma:gont]
la nausea	**illamående** [ilʲa'moendə]
la diarrea	**diarré** [dia're:]
la costipazione	**förstoppning** [fø:'ʂtopniŋ]
mal di schiena	**ryggont** ['rʏgont]

dolore al petto	**bröstsmärtor** ['brøst'smɛ:ţor]
fitte al fianco	**mjälthugg** ['mjelʲthug]
dolori addominali	**magsmärtor** ['magsmɛ:ţor]

pastiglia	**piller, tablett** ['pilʲer, tab'lʲet]
pomata	**salva** ['salʲva]
sciroppo	**drickbar medicin** ['drikbar medi'si:n]
spray	**sprej** [sprɛj]
gocce	**droppar** ['dropar]

Deve andare in ospedale.	**Du måste åka till sjukhuset.** [dʉ: 'moste 'o:ka tilʲ 'ɧʉ:khʉset]
assicurazione sanitaria	**sjukförsäkring** ['ɧʉ:kfø:'şɛkriŋ]
prescrizione	**recept** [re'sɛpt]
insettifugo	**insektsmedel** ['insekts'medəlʲ]
cerotto	**plåster** ['plʲostər]

Il minimo indispensabile

Mi scusi, ...	**Ursäkta mig, ...** [ʉ:'ʂɛkta mɛj, ...]
Buongiorno.	**Hej** [hɛj]
Grazie.	**Tack** [tak]
Arrivederci.	**Hej då** [hɛj doː]
Sì.	**Ja** [ja]
No.	**Nej** [nɛj]
Non lo so.	**Jag vet inte.** [ja vet 'intə]
Dove? ǀ Dove? (~ stai andando?) ǀ Quando?	**Var? ǀ Vart? ǀ När?** [var? ǀ vaːt? ǀ nɛr?]
Ho bisogno di ...	**Jag behöver ...** [ja be'høvər ...]
Voglio ...	**Jag vill ...** [ja vilʲ ...]
Avete ...?	**Har du ...?** [har dʉ: ...?]
C'è un /una/ ... qui?	**Finns det ... här?** [fins dɛ ... hæ:r?]
Posso ...?	**Får jag ... ?** [for ja: ...?]
per favore	**..., tack** [..., tak]
Sto cercando ...	**Jag letar efter ...** [ja 'lʲetar 'ɛftər ...]
il bagno	**en toalett** [en tua'lʲet]
un bancomat	**en uttagsautomat** [en ʉ:'ta:gs auto'mat]
una farmacia	**ett apotek** [et apʉ'tek]
un ospedale	**ett sjukhus** [et 'ɧʉ:khʉs]
la stazione di polizia	**en polisstation** [en po'lis sta'ɧʉ:n]
la metro	**tunnelbanan** ['tʉnəlʲ 'ba:nan]

un taxi	**en taxi** [en 'taksi]
la stazione (ferroviaria)	**en tågstation** [en 'to:g sta'ʃu:n]

Mi chiamo ...	**Jag heter ...** [ja 'hetər ...]
Come si chiama?	**Vad heter du?** [vad 'hetər dʉ:?]
Mi può aiutare, per favore?	**Skulle du kunna hjälpa mig?** ['skʉlʲe dʉ: 'kuna 'jɛlʲpa mɛj?]
Ho un problema.	**Jag har ett problem.** [ja har et prɔ'blʲem]
Mi sento male.	**Jag mår inte bra.** [ja mor 'intə bra:]
Chiamate l'ambulanza!	**Ring efter en ambulans!** ['riŋ 'ɛftər en ambʉ'lʲans!]
Posso fare una telefonata?	**Får jag ringa ett samtal?** [for ja 'riŋa et 'sa:mtalʲ?]

Mi dispiace.	**Jag är ledsen.** [ja ær 'lʲesən]
Prego.	**Ingen orsak.** ['iŋen 'u:ʂak]

io	**Jag, mig** [ja, mɛj]
tu	**du** [dʉ]
lui	**han** [han]
lei	**hon** [hon]
loro (m)	**de:** [de:]
loro (f)	**de:** [de:]
noi	**vi** [vi:]
voi	**ni** [ni]
Lei	**du, Ni** [dʉ:, ni:]

ENTRATA	**INGÅNG** ['iŋo:ŋ]
USCITA	**UTGÅNG** ['ʉtgo:ŋ]
FUORI SERVIZIO	**UR FUNKTION** [ʉ:r fʉnk'ʃu:n]
CHIUSO	**STÄNGT** ['stɛŋt]

APERTO	**ÖPPET** ['øpet]
DONNE	**FÖR KVINNOR** [før 'kvinor]
UOMINI	**FÖR MÄN** [før mɛn]

VOCABOLARIO SUDDIVISO PER ARGOMENTI

Questa sezione contiene
più di 3.000 termini tra i più
importanti. Il dizionario sarà
un inestimabile aiuto durante
i vostri viaggi all'estero,
in quanto contiene termini
di uso quotidiano che
permetteranno di farvi capire
facilmente.
Il dizionario include un'utile
trascrizione fonetica per ogni
termine straniero

T&P Books Publishing

INDICE DEL DIZIONARIO

T&P Books Publishing

CONCETTI DI BASE

T&P Books Publishing

1. Pronomi

io	jag	['ja:]
tu	du	[dʉ:]
lui	han	['han]
lei	hon	['hʊn]
esso	det, den	[dɛ], [dɛn]
noi	vi	['vi]
voi	ni	['ni]
loro	de	[de:]

2. Saluti. Convenevoli

Salve!	**Hej!**	['hɛj]
Buongiorno!	**Hej! Hallå!**	['hɛj], [ha'lʲo:]
Buongiorno! (la mattina)	**God morgon!**	[ˌgʊd 'mɔrgɔn]
Buon pomeriggio!	**God dag!**	[ˌgʊd 'dag]
Buonasera!	**God kväll!**	[ˌgʊd 'kvɛlʲ]
salutare (vt)	**att hälsa**	[at 'hɛlʲsa]
Ciao! Salve!	**Hej!**	['hɛj]
saluto (m)	**hälsning (en)**	['hɛlʲsniŋ]
salutare (vt)	**att hälsa**	[at 'hɛlʲsa]
Come sta?	**Hur står det till?**	[hʊr sto: de 'tilʲ]
Come stai?	**Hur är det?**	[hʊr ɛr 'de:]
Che c'è di nuovo?	**Vad är nytt?**	[vad æ:r 'nʏt]
Arrivederci!	**Adjö! Hej då!**	[a'jø:], [hɛj'do:]
Ciao!	**Hej då!**	[hɛj'do:]
A presto!	**Vi ses!**	[vi ses]
Addio!	**Adjö! Farväl!**	[a'jø:], [far'vɛ:lʲ]
congedarsi (vr)	**att säga adjö**	[at 'sɛ:ja a'jø:]
Ciao! (A presto!)	**Hej då!**	[hɛj'do:]
Grazie!	**Tack!**	['tak]
Grazie mille!	**Tack så mycket!**	['tak sɔ 'mʏkə]
Prego	**Varsågod**	['va:ʂo:gʊd]
Non c'è di che!	**Ingen orsak!**	['iŋən 'ʊːʂak]
Di niente	**Ingen orsak!**	['iŋən 'ʊːʂak]
Scusa!	**Ursäkta, ...**	['ʉːˌʂɛkta ...]
Scusi!	**Ursäkta mig, ...**	['ʉːˌʂɛkta mɛj ...]

scusare (vt)	att ursäkta	[at 'ʉːˌsɛkta]
scusarsi (vr)	att ursäkta sig	[at 'ʉːˌsɛkta sɛj]
Chiedo scusa	Jag ber om ursäkt	[ja ber ɔm 'ʉːˌsɛkt]
Mi perdoni!	Förlåt!	[fœː'lʲoːt]
perdonare (vt)	att förlåta	[at 'fœːˌlʲoːta]
Non fa niente	Det gör inget	[dɛ jør 'iŋet]
per favore	snälla	['snɛla]

Non dimentichi!	Glöm inte!	['glʲøːm 'intə]
Certamente!	Naturligtvis!	[na'tʉrligvis]
Certamente no!	Självklart inte!	['ɧɛlʲvklʲat 'intə]
D'accordo!	OK! Jag håller med.	[ɔ'kej] , [ja 'hoːlʲer me]
Basta!	Det räcker!	[dɛ 'rɛkə]

3. Domande

Chi?	Vem?	['vem]
Che cosa?	Vad?	['vad]
Dove? (in che luogo?)	Var?	['var]
Dove? (~ vai?)	Vart?	['vaːt]
Di dove?, Da dove?	Varifrån?	['varifroːn]
Quando?	När?	['næːr]
Perché? (per quale scopo?)	Varför?	['vaːføːr]
Perché? (per quale ragione?)	Varför?	['vaːføːr]

Per che cosa?	För vad?	['før vad]
Come?	Hur?	['hʉːr]
Che? (~ colore è?)	Vilken?	['vilʲkən]
Quale?	Vilken?	['vilʲkən]

A chi?	Till vem?	[tilʲ 'vem]
Di chi?	Om vem?	[ɔm 'vem]
Di che cosa?	Om vad?	[ɔm 'vad]
Con chi?	Med vem?	[me 'vem]

Quanti?	Hur många?	[hʉr 'mɔŋa]
Quanto?	Hur mycket?	[hʉr 'mʏkə]
Di chi?	Vems?	['vɛms]

4. Preposizioni

con (tè ~ il latte)	med	['me]
senza	utan	['ʉtan]
a (andare ~ ...)	till	['tilʲ]
di (parlare ~ ...)	om	['ɔm]
prima di ...	för, inför	['føːr], ['inføːr]

di fronte a ...	framför	['framfø:r]
sotto (avv)	under	['undər]
sopra (al di ~)	över	['ø:vər]
su (sul tavolo, ecc.)	på	[pɔ]
da, di (via da ..., fuori di ...)	från	['frɔn]
di (fatto ~ cartone)	av	[av]
fra (~ dieci minuti)	om	['ɔm]
attraverso (dall'altra parte)	över	['ø:vər]

5. Parole grammaticali. Avverbi. Parte 1

Dove?	Var?	['var]
qui (in questo luogo)	här	['hæ:r]
lì (in quel luogo)	där	['dæ:r]
da qualche parte (essere ~)	någonstans	['no:gɔn‚stans]
da nessuna parte	ingenstans	['iŋən‚stans]
vicino a ...	vid	['vid]
vicino alla finestra	vid fönstret	[vid 'fœnstrət]
Dove?	Vart?	['va:t]
qui (vieni ~)	hit	['hit]
ci (~ vado stasera)	dit	['dit]
da qui	härifrån	['hæ:ri‚fro:n]
da lì	därifrån	['dæ:ri‚fro:n]
vicino, accanto (avv)	nära	['næ:ra]
lontano (avv)	långt	['lɔŋt]
vicino (~ a Parigi)	nära	['næ:ra]
vicino (qui ~)	i närheten	[i 'næ:r‚hetən]
non lontano	inte långt	['intə 'lɔŋt]
sinistro (agg)	vänster	['vɛnstər]
a sinistra (rimanere ~)	till vänster	[tilʲ 'vɛnstər]
a sinistra (girare ~)	till vänster	[tilʲ 'vɛnstər]
destro (agg)	höger	['hø:gər]
a destra (rimanere ~)	till höger	[tilʲ 'hø:gər]
a destra (girare ~)	till höger	[tilʲ 'hø:gər]
davanti	framtill	['framtilʲ]
anteriore (agg)	främre	['frɛmrə]
avanti	framåt	['framo:t]
dietro (avv)	bakom, baktill	['bakɔm], ['bak'tilʲ]
da dietro	bakifrån	['baki‚fro:n]

indietro	tillbaka	[til'baka]
mezzo (m), centro (m)	mitt (en)	['mit]
in mezzo, al centro	i mitten	[i 'mitən]

di fianco	från sidan	[frɔn 'sidan]
dappertutto	överallt	['ø:vərˌalʲt]
attorno	runt omkring	[runt ɔm'kriŋ]

da dentro	inifrån	['iniˌfro:n]
da qualche parte (andare ~)	någonstans	['no:gɔnˌstans]
dritto (direttamente)	rakt, rakt fram	['rakt], ['rakt fram]
indietro	tillbaka	[til'baka]

da qualsiasi parte	från var som helst	[frɔn va sɔm 'hɛlʲst]
da qualche posto (veniamo ~)	från någonstans	[frɔn 'no:gɔnˌstans]

in primo luogo	för det första	['før de 'fœ:ʂta]
in secondo luogo	för det andra	['før de 'andra]
in terzo luogo	för det tredje	['før de 'trɛdjə]

all'improvviso	plötsligt	['plʲøtslit]
all'inizio	i början	[i 'bœrjan]
per la prima volta	för första gången	['før 'fœ:ʂta 'gɔŋən]
molto tempo prima di...	långt innan ...	['lʲɔŋt 'inan ...]
di nuovo	på nytt	[pɔ 'nʏt]
per sempre	för gott	[før 'gɔt]

mai	aldrig	['alʲdrig]
ancora	igen	['ijɛn]
adesso	nu	['nʉ:]
spesso (avv)	ofta	['ɔfta]
allora	då	['do:]
urgentemente	brådskande	['brɔˌskandə]
di solito	vanligtvis	['vanˌlitvis]

a proposito, ...	förresten ...	[fœ:'rɛstən ...]
è possibile	möjligen	['mœjligən]
probabilmente	sannolikt	[sanʉ'likt]
forse	kanske	['kanɧə]
inoltre ...	dessutom ...	[des'ʉ:tʊm ...]
ecco perché ...	därför ...	['dæ:før ...]
nonostante (~ tutto)	i trots av ...	[i 'trɔts av ...]
grazie a ...	tack vare ...	['tak ˌvarə ...]

che cosa (pron)	vad	['vad]
che (cong)	att	[at]
qualcosa (qualsiasi cosa)	något	['no:gɔt]
qualcosa (le serve ~?)	något	['no:gɔt]
niente	ingenting	['iŋəntiŋ]
chi (pron)	vem	['vem]

| qualcuno (annuire a ~) | någon | ['no:gɔn] |
| qualcuno (dipendere da ~) | någon | ['no:gɔn] |

nessuno	ingen	['iŋən]
da nessuna parte	ingenstans	['iŋənˌstans]
di nessuno	ingens	['iŋəns]
di qualcuno	någons	['no:gɔns]

così (era ~ arrabbiato)	så	['so:]
anche (penso ~ a ...)	också	['ɔkso:]
anche, pure	också	['ɔkso:]

6. Parole grammaticali. Avverbi. Parte 2

Perché?	Varför?	['va:fø:r]
per qualche ragione	av någon anledning	[av 'no:gɔn 'anˌlʲednin]
perché ...	därför att ...	['dæ:før at ...]
per qualche motivo	av någon anledning	[av 'no:gɔn 'anˌlʲednin]

e (cong)	och	['ɔ]
o (sì ~ no?)	eller	['ɛlʲer]
ma (però)	men	['men]
per (~ me)	för, till	['fø:r]

troppo	för, alltför	['fø:r], ['alʲtfø:r]
solo (avv)	bara, endast	['bara], ['ɛndast]
esattamente	precis, exakt	[prɛ'sis], [ɛk'sakt]
circa (~ 10 dollari)	cirka	['sirka]

approssimativamente	ungefär	['uŋəˌfæ:r]
approssimativo (agg)	ungefärlig	['uŋəˌfæ:lʲig]
quasi	nästan	['nɛstan]
resto	rest (en)	['rɛst]

l'altro (~ libro)	den andra	[dɛn 'andra]
altro (differente)	andre	['andrə]
ogni (agg)	var	['var]
qualsiasi (agg)	vilken som helst	['vilʲkən sɔm 'hɛlʲst]
molti, molto	mycken, mycket	['mʏkən], ['mʏkə]
molta gente	många	['mɔŋa]
tutto, tutti	alla	['alʲa]

in cambio di ...	i gengäld för ...	[i 'jɛŋɛld ˌfør ...]
in cambio	i utbyte	[i 'ʉtˌbytə]
a mano (fatto ~)	för hand	[før 'hand]
poco probabile	knappast	['knapast]

probabilmente	sannolikt	[sanʊ'likt]
apposta	med flit, avsiktligt	[me flit], ['avsiktlit]
per caso	tillfälligtvis	['tilʲfɔlitvis]

molto (avv)	mycket	['mʏkə]
per esempio	till exempel	[tilʲ ɛkˈsɛmpəl]
fra (~ due)	mellan	[ˈmɛlʲan]
fra (~ più di due)	bland	[ˈblʲand]
tanto (quantità)	så mycket	[sɔ ˈmʏkə]
soprattutto	särskilt	[ˈsæːˌʂilʲt]

NUMERI. VARIE

T&P Books Publishing

zero (m)	noll	['nɔlʲ]
uno	ett	[ɛt]
due	två	['tvoː]
tre	tre	['treː]
quattro	fyra	['fyra]
cinque	fem	['fem]
sei	sex	['sɛks]
sette	sju	['ɧʉː]
otto	åtta	['ota]
nove	nio	['niːʊ]
dieci	tio	['tiːʊ]
undici	elva	['ɛlʲva]
dodici	tolv	['tɔlʲv]
tredici	tretton	['trɛttɔn]
quattordici	fjorton	['fjʊːtɔn]
quindici	femton	['fɛmtɔn]
sedici	sexton	['sɛkstɔn]
diciassette	sjutton	['ɧʉːttɔn]
diciotto	arton	['aːtɔn]
diciannove	nitton	['niːttɔn]
venti	tjugo	['ɕʉgʊ]
ventuno	tjugoett	['ɕʉgʊˌɛt]
ventidue	tjugotvå	['ɕʉgʊˌtvoː]
ventitre	tjugotre	['ɕʉgʊˌtreː]
trenta	trettio	['trɛttiʊ]
trentuno	trettioett	['trɛttiʊˌɛt]
trentadue	trettiotvå	['trɛttiʊˌtvoː]
trentatre	trettiotre	['trɛttiʊˌtreː]
quaranta	fyrtio	['fœːʈiʊ]
quarantuno	fyrtioett	['fœːʈiʊˌɛt]
quarantadue	fyrtiotvå	['fœːʈiʊˌtvoː]
quarantatre	fyrtiotre	['fœːʈiʊˌtreː]
cinquanta	femtio	['fɛmtiʊ]
cinquantuno	femtioett	['fɛmtiʊˌɛt]
cinquantadue	femtiotvå	['fɛmtiʊˌtvoː]
cinquantatre	femtiotre	['fɛmtiʊˌtreː]
sessanta	sextio	['sɛkstiʊ]

sessantuno	sextioett	['sɛkstiʊˌɛt]
sessantadue	sextiotvå	['sɛkstiʊˌtvo:]
sessantatre	sextiotre	['sɛkstiʊˌtre:]
settanta	sjuttio	['ʃʉttiʊ]
settantuno	sjuttioett	['ʃʉttiʊˌɛt]
settantadue	sjuttiotvå	['ʃʉttiʊˌtvo:]
settantatre	sjuttiotre	['ʃʉttiʊˌtre:]
ottanta	åttio	['ottiʊ]
ottantuno	åttioett	['ottiʊˈɛt]
ottantadue	åttiotvå	['ottiʊˌtvo:]
ottantatre	åttiotre	['ottiʊˌtre:]
novanta	nittio	['nittiʊ]
novantuno	nittioett	['nittiʊˌɛt]
novantadue	nittiotvå	['nittiʊˌtvo:]
novantatre	nittiotre	['nittiʊˌtre:]

8. Numeri cardinali. Parte 2

cento	hundra (ett)	['hundra]
duecento	tvåhundra	['tvo:ˌhundra]
trecento	trehundra	['treˌhundra]
quattrocento	fyrahundra	['fyraˌhundra]
cinquecento	femhundra	['femˌhundra]
seicento	sexhundra	['sɛksˌhundra]
settecento	sjuhundra	['ʃʉ:ˌhundra]
ottocento	åttahundra	['otaˌhundra]
novecento	niohundra	['niʊˌhundra]
mille	tusen (ett)	['tʉ:sən]
duemila	tvåtusen	['tvo:ˌtʉ:sən]
tremila	tretusen	['tre:ˌtʉ:sən]
diecimila	tiotusen	['ti:ʊˌtʉ:sən]
centomila	hundratusen	['hundraˌtʉ:sən]
milione (m)	miljon (en)	[mi'ljʊn]
miliardo (m)	miljard (en)	[mi'lja:d]

9. Numeri ordinali

primo	första	['fœ:ʂta]
secondo	andra	['andra]
terzo	tredje	['trɛdjə]
quarto	fjärde	['fjæ:də]
quinto	femte	['fɛmtə]
sesto	sjätte	['ʃæ:tə]

settimo	**sjunde**	['ɧundə]
ottavo	**åttonde**	['ottɔndə]
nono	**nionde**	['niːˌʊndə]
decimo	**tionde**	['tiːˌɔndə]

COLORI.
UNITÀ DI MISURA

T&P Books Publishing

10. Colori

colore (m)	**färg (en)**	['fæ:rj]
sfumatura (f)	**nyans (en)**	[ny'ans]
tono (m)	**färgton (en)**	['fæ:rj,tun]
arcobaleno (m)	**regnbåge (en)**	['rɛgn,bo:gə]
bianco (agg)	**vit**	['vit]
nero (agg)	**svart**	['sva:t]
grigio (agg)	**grå**	['gro:]
verde (agg)	**grön**	['grø:n]
giallo (agg)	**gul**	['gʉ:lʲ]
rosso (agg)	**röd**	['rø:d]
blu (agg)	**blå**	['blʲo:]
azzurro (agg)	**ljusblå**	['jʉ:s,blʲo:]
rosa (agg)	**rosa**	['rosa]
arancione (agg)	**orange**	[ɔ'ranʃ]
violetto (agg)	**violett**	[viʊ'lʲet]
marrone (agg)	**brun**	['brʉ:n]
d'oro (agg)	**guld-**	['gulʲd-]
argenteo (agg)	**silver-**	['silʲvər-]
beige (agg)	**beige**	['bɛʃ]
color crema (agg)	**cremefärgad**	['krɛ:m,fæ:rjad]
turchese (agg)	**turkos**	[tur'ko:s]
rosso ciliegia (agg)	**körsbärsröd**	['çø:ʂbæ:ʂ,rø:d]
lilla (agg)	**lila**	['lilʲa]
rosso lampone (agg)	**karmosinröd**	[kar'mosin,rø:d]
chiaro (agg)	**ljus**	['jʉ:s]
scuro (agg)	**mörk**	['mœ:rk]
vivo, vivido (agg)	**klar**	['klʲar]
colorato (agg)	**färg-**	['fæ:rj-]
a colori	**färg-**	['fæ:rj-]
bianco e nero (agg)	**svartvit**	['sva:t,vit]
in tinta unita	**enfärgad**	['ɛn,fæ:rjad]
multicolore (agg)	**mångfärgad**	['mɔŋ,fæ:rjad]

11. Unità di misura

peso (m)	**vikt (en)**	['vikt]
lunghezza (f)	**längd (en)**	[lʲɛŋd]

larghezza (f)	bredd (en)	['brɛd]
altezza (f)	höjd (en)	['hœjd]
profondità (f)	djup (ett)	['jʉːp]
volume (m)	volym (en)	[vɔ'lʲym]
area (f)	yta, areal (en)	['yta], [are'alʲ]

grammo (m)	gram (ett)	['gram]
milligrammo (m)	milligram (ett)	['miliˌgram]
chilogrammo (m)	kilogram (ett)	[çilʲo'gram]
tonnellata (f)	ton (en)	['tʊn]
libbra (f)	skålpund (ett)	['skoːlʲˌpund]
oncia (f)	uns (ett)	['uns]

metro (m)	meter (en)	['metər]
millimetro (m)	millimeter (en)	['miliˌmetər]
centimetro (m)	centimeter (en)	[sɛnti'metər]
chilometro (m)	kilometer (en)	[çilʲo'metər]
miglio (m)	mil (en)	['milʲ]

pollice (m)	tum (en)	['tum]
piede (f)	fot (en)	['fʊt]
iarda (f)	yard (en)	['jaːd]

metro (m) quadro	kvadratmeter (en)	[kva'dratˌmetər]
ettaro (m)	hektar (ett)	[hɛk'tar]
litro (m)	liter (en)	['litər]
grado (m)	grad (en)	['grad]
volt (m)	volt (en)	['vɔlʲt]
ampere (m)	ampere (en)	[am'pɛr]
cavallo vapore (m)	hästkraft (en)	['hɛstˌkraft]

quantità (f)	mängd, kvantitet (en)	['mɛŋt], [kwanti'tet]
un po' di …	få …, inte många …	['foː …], ['intə 'mɔŋa …]
metà (f)	hälft (en)	['hɛlʲft]
dozzina (f)	dussin (ett)	['dusin]
pezzo (m)	stycke (ett)	['stʏkə]

| dimensione (f) | storlek (en) | ['stʊːlʲek] |
| scala (f) (modello in ~) | skala (en) | ['skalʲa] |

minimo (agg)	minimal	[mini'malʲ]
minore (agg)	minst	['minst]
medio (agg)	medel	['medəlʲ]
massimo (agg)	maximal	[maksi'malʲ]
maggiore (agg)	störst	['støːʂt]

12. Contenitori

| barattolo (m) di vetro | glasburk (en) | ['glʲasˌburk] |
| latta, lattina (f) | burk (en) | ['burk] |

secchio (m)	**hink (en)**	['hiŋk]
barile (m), botte (f)	**tunna (en)**	['tuna]
catino (m)	**tvättfat (ett)**	['tvæt͵fat]
serbatoio (m) (per liquidi)	**tank (en)**	['taŋk]
fiaschetta (f)	**plunta, fickflaska (en)**	['plʉnta], ['fik͵flˈaska]
tanica (f)	**dunk (en)**	['du:ŋk]
cisterna (f)	**tank (en)**	['taŋk]
tazza (f)	**mugg (en)**	['mug]
tazzina (f) (~ di caffé)	**kopp (en)**	['kop]
piattino (m)	**tefat (ett)**	['te͵fat]
bicchiere (m) (senza stelo)	**glas (ett)**	['glˈas]
calice (m)	**vinglas (ett)**	['vin͵glˈas]
casseruola (f)	**kastrull, gryta (en)**	[ka'strulˈ], ['gryta]
bottiglia (f)	**flaska (en)**	['flˈaska]
collo (m) (~ della bottiglia)	**flaskhals (en)**	['flˈask͵halˈs]
caraffa (f)	**karaff (en)**	[ka'raf]
brocca (f)	**kanna (en) med handtag**	['kana me 'han͵tag]
recipiente (m)	**behållare (en)**	[be'ho:[ˈarə]
vaso (m) di coccio	**kruka (en)**	['krʉka]
vaso (m) di fiori	**vas (en)**	['vas]
boccetta (f) (~ di profumo)	**flakong (en)**	[flˈa'kɔŋ]
fiala (f)	**flaska (en)**	['flˈaska]
tubetto (m)	**tub (en)**	['tʉ:b]
sacco (m) (~ di patate)	**säck (en)**	['sɛk]
sacchetto (m) (~ di plastica)	**påse (en)**	['po:sə]
pacchetto (m) (~ di sigarette, ecc.)	**paket (ett)**	[pa'ket]
scatola (f) (~ per scarpe)	**ask (en)**	['ask]
cassa (f) (~ di vino, ecc.)	**låda (en)**	['lˈo:da]
cesta (f)	**korg (en)**	['kɔrj]

I VERBI PIÙ IMPORTANTI

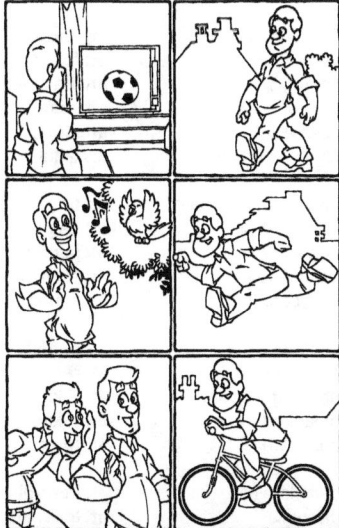

T&P Books Publishing

accorgersi (vr)	att märka	[at 'mæːrka]
afferrare (vt)	att fånga	[at 'fɔŋa]
affittare (dare in affitto)	att hyra	[at 'hyra]
aiutare (vt)	att hjälpa	[at 'jɛlʲpa]
amare (qn)	att älska	[at 'ɛlʲska]
andare (camminare)	att gå	[at 'goː]
annotare (vt)	att skriva ner	[at 'skriva ner]
appartenere (vi)	att tillhöra ...	[at 'tilʲˌhøːra ...]
aprire (vt)	att öppna	[at 'øpna]
arrivare (vi)	att ankomma	[at 'aŋˌkɔma]
aspettare (vt)	att vänta	[at 'vɛnta]
avere (vt)	att ha	[at 'ha]
avere fame	att vara hungrig	[at 'vara 'huŋrig]
avere fretta	att skynda sig	[at 'ɧynda sɛj]
avere paura	att frukta	[at 'frʉkta]
avere sete	att vara törstig	[at 'vara 'tøːʂtig]
avvertire (vt)	att varna	[at 'vaːɳa]
cacciare (vt)	att jaga	[at 'jaga]
cadere (vi)	att falla	[at 'falʲa]
cambiare (vt)	att ändra	[at 'ɛndra]
capire (vt)	att förstå	[at fœː'ʂtoː]
cenare (vi)	att äta kvällsmat	[at 'ɛːta 'kvɛlʲsˌmat]
cercare (vt)	att söka ...	[at 'søːka ...]
cessare (vt)	att sluta	[at 'slʉːta]
chiedere (~ aiuto)	att tillkalla	[at 'tilʲˌkalʲa]
chiedere (domandare)	att fråga	[at 'froːga]
cominciare (vt)	att begynna	[at be'jina]
comparare (vt)	att jämföra	[at 'jɛmˌføra]
confondere (vt)	att förväxla	[at før'vɛkslʲa]
conoscere (qn)	att känna	[at 'ɕɛna]
conservare (vt)	att behålla	[at be'hoːlʲa]
consigliare (vt)	att råda	[at 'roːda]
contare (calcolare)	att räkna	[at 'rɛkna]
contare su ...	att räkna med ...	[at 'rɛkna me ...]
continuare (vt)	att fortsätta	[at 'fʉtˌsæta]
controllare (vt)	att kontrollera	[at kɔntrɔ'lʲera]
correre (vi)	att löpa, att springa	[at 'lʲøːpa], [at 'spriŋa]

costare (vt)	att kosta	[at 'kɔsta]
creare (vt)	att skapa	[at 'skapa]
cucinare (vi)	att laga	[at 'lʲaga]

14. I verbi più importanti. Parte 2

dare (vt)	att ge	[at je:]
dare un suggerimento	att ge en vink	[at je: en 'viŋk]
decorare (adornare)	att pryda	[at 'pryda]
difendere (~ un paese)	att försvara	[at fœ:'ʂvara]
dimenticare (vt)	att glömma	[at 'glʲœma]

dire (~ la verità)	att säga	[at 'sɛ:ja]
dirigere (compagnia, ecc.)	att styra, att leda	[at 'styra], [at 'lʲeda]
discutere (vt)	att diskutera	[at diskɵ'tera]
domandare (vt)	att be	[at 'be:]
dubitare (vi)	att tvivla	[at 'tvivlʲa]

entrare (vi)	att komma in	[at 'kɔma 'in]
esigere (vt)	att kräva	[at 'krɛ:va]
esistere (vi)	att existera	[at ɛksi'stera]

essere (vi)	att vara	[at 'vara]
essere d'accordo	att samtycka	[at 'sam͵tʏka]
fare (vt)	att göra	[at 'jø:ra]
fare colazione	att äta frukost	[at 'ɛ:ta 'frɵ:kɔst]

fare il bagno	att bada	[at 'bada]
fermarsi (vr)	att stanna	[at 'stana]
fidarsi (vr)	att lita på	[at 'lita pɔ]
finire (vt)	att sluta	[at 'slɵ:ta]
firmare (~ un documento)	att underteckna	[at 'undə͵tɛkna]

giocare (vi)	att leka	[at 'lʲeka]
girare (~ a destra)	att svänga	[at 'svɛŋa]
gridare (vi)	att skrika	[at 'skrika]
indovinare (vt)	att gissa	[at 'jisa]
informare (vt)	att informera	[at infɔr'mera]

ingannare (vt)	att fuska	[at 'fɵska]
insistere (vi)	att insistera	[at insi'stera]
insultare (vt)	att förolämpa	[at 'førʊ͵lʲɛmpa]
interessarsi di …	att intressera sig	[at intrɛ'sera sɛj]
invitare (vt)	att inbjuda, att invitera	[at in'bjɵ:da], [at invi'tera]

lamentarsi (vr)	att klaga	[at 'klʲaga]
lasciar cadere	att tappa	[at 'tapa]
lavorare (vi)	att arbeta	[at 'ar͵beta]
leggere (vi, vt)	att läsa	[at 'lʲɛ:sa]
liberare (vt)	att befria	[at be'fria]

15. I verbi più importanti. Parte 3

mancare le lezioni	att missa	[at 'misa]
mandare (vt)	att skicka	[at 'ɧika]
menzionare (vt)	att omnämna	[at 'ɔm‚nɛmna]
minacciare (vt)	att hota	[at 'hʊta]
mostrare (vt)	att visa	[at 'visa]

nascondere (vt)	att gömma	[at 'jœma]
nuotare (vi)	att simma	[at 'sima]
obiettare (vt)	att invända	[at 'inˌvɛnda]
occorrere (vimp)	att vara behövd	[at 'vara be'hø:vd]
ordinare (~ il pranzo)	att beställa	[at be'stɛlʲa]

ordinare (mil.)	att beordra	[at be'o:dˌra]
osservare (vt)	att observera	[at ɔbsɛr'vera]
pagare (vi, vt)	att betala	[at be'talʲa]
parlare (vi, vt)	att tala	[at 'talʲa]
partecipare (vi)	att delta	[at 'dɛlʲta]

pensare (vi, vt)	att tänka	[at 'tɛŋka]
perdonare (vt)	att förlåta	[at 'fœːˌlʲoːta]
permettere (vt)	att tillåta	[at 'tilʲoːta]
piacere (vi)	att gilla	[at 'jilʲa]
piangere (vi)	att gråta	[at 'groːta]

pianificare (vt)	att planera	[at plʲa'nera]
possedere (vt)	att besitta, att äga	[at be'sita], [at 'ɛːga]
potere (v aus)	att kunna	[at 'kuna]
pranzare (vi)	att äta lunch	[at 'ɛːta ˌlʊnɕ]
preferire (vt)	att föredra	[at 'førədra]

pregare (vi, vt)	att be	[at 'beː]
prendere (vt)	att ta	[at ta]
prevedere (vt)	att förutse	[at 'førʊtˌsə]
promettere (vt)	att lova	[at 'lʲova]
pronunciare (vt)	att uttala	[at 'ʊtˌtalʲa]

proporre (vt)	att föreslå	[at 'førəˌslʲoː]
punire (vt)	att straffa	[at 'strafa]
raccomandare (vt)	att rekommendera	[at rekɔmən'dera]

| ridere (vi) | att skratta | [at 'skrata] |
| rifiutarsi (vr) | att vägra | [at 'vɛgra] |

rincrescere (vi)	att beklaga	[at be'klʲaga]
ripetere (ridire)	att upprepa	[at 'uprepa]
riservare (vt)	att reservera	[at resɛr'vera]
rispondere (vi, vt)	att svara	[at 'svara]
rompere (spaccare)	att bryta	[at 'bryta]
rubare (~ i soldi)	att stjäla	[at 'ɧɛːlʲa]

16. I verbi più importanti. Parte 4

salvare (~ la vita a qn)	att rädda	[at 'rɛda]
sapere (vt)	att veta	[at 'veta]
sbagliare (vi)	att göra fel	[at 'jø:ra ˌfeľ]
scavare (vt)	att gräva	[at 'grɛ:va]
scegliere (vt)	att välja	[at 'vɛlja]
scendere (vi)	att gå ned	[at 'go: ˌned]
scherzare (vi)	att skämta, att skoja	[at 'ɧɛmta], [at 'skɔja]
scrivere (vt)	att skriva	[at 'skriva]
scusare (vt)	att ursäkta	[at 'ʉːˌsɛkta]
scusarsi (vr)	att ursäkta sig	[at 'ʉːˌsɛkta sɛj]
sedersi (vr)	att sätta sig	[at 'sæta sɛj]
seguire (vt)	att följa efter ...	[at 'følja 'ɛftər ...]
sgridare (vt)	att skälla	[at 'ɧɛľa]
significare (vt)	att betyda	[at be'tyda]
sorridere (vi)	att småle	[at 'smo:ľe]
sottovalutare (vt)	att underskatta	[at 'undəˌskata]
sparare (vi)	att skjuta	[at 'ɧʉːta]
sperare (vi, vt)	att hoppas	[at 'hɔpas]
spiegare (vt)	att förklara	[at før'kľara]
studiare (vt)	att studera	[at stu'dera]
stupirsi (vr)	att bli förvånad	[at bli før'vo:nad]
tacere (vi)	att tiga	[at 'tiga]
tentare (vt)	att pröva	[at 'prø:va]
toccare (~ con le mani)	att röra	[at 'rø:ra]
tradurre (vt)	att översätta	[at 'ø:vəˌsæta]
trovare (vt)	att finna	[at 'fina]
uccidere (vt)	att döda, att mörda	[at 'dø:da], [at 'mø:ɖa]
udire (percepire suoni)	att höra	[at 'hø:ra]
unire (vt)	att förena	[at 'førena]
uscire (vi)	att gå ut	[at 'go: ʉt]
vantarsi (vr)	att skryta	[at 'skryta]
vedere (vt)	att se	[at 'se:]
vendere (vt)	att sälja	[at 'sɛlja]
volare (vi)	att flyga	[at 'fľyga]
volere (desiderare)	att vilja	[at 'vilja]

ORARIO. CALENDARIO

T&P Books Publishing

17. Giorni della settimana

lunedì (m)	måndag (en)	['mɔn‚dag]
martedì (m)	tisdag (en)	['tis‚dag]
mercoledì (m)	onsdag (en)	['ʊns‚dag]
giovedì (m)	torsdag (en)	['tʊːʂ‚dag]
venerdì (m)	fredag (en)	['fre‚dag]
sabato (m)	lördag (en)	['lʲøːdag]
domenica (f)	söndag (en)	['sœn‚dag]

oggi (avv)	i dag	[i 'dag]
domani	i morgon	[i 'mɔrgɔn]
dopodomani	i övermorgon	[i 'øːvə‚mɔrgɔn]
ieri (avv)	i går	[i 'goːr]
l'altro ieri	i förrgår	[i 'fœːr‚goːr]

giorno (m)	dag (en)	['dag]
giorno (m) lavorativo	arbetsdag (en)	['arbets‚dag]
giorno (m) festivo	helgdag (en)	['hɛlj‚dag]
giorno (m) di riposo	ledig dag (en)	['lʲedig ‚dag]
fine (m) settimana	helg, veckohelg (en)	[hɛlj], ['vɛko‚hɛlj]

tutto il giorno	hela dagen	['helʲa 'dagən]
l'indomani	nästa dag	['nɛsta ‚dag]
due giorni fa	för två dagar sedan	[før ‚tvoː 'dagar 'sedan]
il giorno prima	dagen innan	['dagən 'inan]
quotidiano (agg)	daglig	['daglig]
ogni giorno	varje dag	['varjə dag]

settimana (f)	vecka (en)	['vɛka]
la settimana scorsa	förra veckan	['fœːra 'vɛkan]
la settimana prossima	i nästa vecka	[i 'nɛsta 'vɛka]
settimanale (agg)	vecko-	['vɛkɔ-]
ogni settimana	varje vecka	['varjə 'vɛka]
due volte alla settimana	två gångar i veckan	[tvoː 'gɔŋar i 'vɛkan]
ogni martedì	varje tisdag	['varjə ‚tisdag]

18. Ore. Giorno e notte

mattina (f)	morgon (en)	['mɔrgɔn]
di mattina	på morgonen	[pɔ 'mɔrgɔnən]
mezzogiorno (m)	middag (en)	['mid‚dag]
nel pomeriggio	på eftermiddagen	[pɔ 'ɛfte‚midagən]
sera (f)	kväll (en)	[kvɛlʲ]

di sera	på kvällen	[pɔ 'kvɛlʲen]
notte (f)	natt (en)	['nat]
di notte	om natten	[ɔm 'natən]
mezzanotte (f)	midnatt (en)	['mid‚nat]

secondo (m)	sekund (en)	[se'kund]
minuto (m)	minut (en)	[mi'nʉ:t]
ora (f)	timme (en)	['timə]
mezzora (f)	halvtimme (en)	['halʲv‚timə]
un quarto d'ora	kvart (en)	['kva:t]
quindici minuti	femton minuter	['fɛmtɔn mi'nʉ:tər]
ventiquattro ore	dygn (ett)	['dʏgn]

levata (f) del sole	soluppgång (en)	['sʊlʲ ‚up'gɔŋ]
alba (f)	gryning (en)	['gryniŋ]
mattutino (m)	tidig morgon (en)	['tidig 'mɔrgɔn]
tramonto (m)	solnedgång (en)	['sʊlʲ 'ned‚gɔŋ]

di buon mattino	tidigt på morgonen	['tidit pɔ 'mɔrgɔnən]
stamattina	i morse	[i 'mɔ:ʂə]
domattina	i morgon bitti	[i 'mɔrgɔn 'biti]

oggi pomeriggio	i eftermiddag	[i 'ɛfte‚midag]
nel pomeriggio	på eftermiddagen	[pɔ 'ɛfte‚midagən]
domani pomeriggio	i morgon eftermiddag	[i 'mɔrgɔn 'ɛfte‚midag]

| stasera | i kväll | [i 'kvɛlʲ] |
| domani sera | i morgon kväll | [i 'mɔrgɔn 'kvɛlʲ] |

alle tre precise	precis klockan tre	[prɛ'sis 'klʲɔkan tre:]
verso le quattro	vid fyratiden	[vid 'fyra‚tidən]
per le dodici	vid klockan tolv	[vid 'klʲɔkan 'tɔlʲv]

fra venti minuti	om tjugo minuter	[ɔm 'ɕɵgɔ mi'nʉ:tər]
fra un'ora	om en timme	[ɔm en 'timə]
puntualmente	i tid	[i 'tid]

un quarto di ...	kvart i ...	['kva:t i ...]
entro un'ora	inom en timme	['inɔm en 'timə]
ogni quindici minuti	varje kvart	['varjə kva:t]
giorno e notte	dygnet runt	['dʏngnet ‚runt]

19. Mesi. Stagioni

gennaio (m)	januari	['janu‚ari]
febbraio (m)	februari	[fɛbrʉ'ari]
marzo (m)	mars	['ma:ʂ]
aprile (m)	april	[a'prilʲ]
maggio (m)	maj	['maj]
giugno (m)	juni	['ju:ni]

luglio (m)	juli	['ju:li]
agosto (m)	augusti	[au'gusti]
settembre (m)	september	[sɛp'tɛmbər]
ottobre (m)	oktober	[ɔk'tʊbər]
novembre (m)	november	[nɔ'vɛmbər]
dicembre (m)	december	[de'sɛmbər]

primavera (f)	vår (en)	['vo:r]
in primavera	på våren	[pɔ 'vo:rən]
primaverile (agg)	vår-	['vo:r-]

estate (f)	sommar (en)	['sɔmar]
in estate	på sommaren	[pɔ 'sɔmarən]
estivo (agg)	sommar-	['sɔmar-]

autunno (m)	höst (en)	['høst]
in autunno	på hösten	[pɔ 'høstən]
autunnale (agg)	höst-	['høst-]

inverno (m)	vinter (en)	['vintər]
in inverno	på vintern	[pɔ 'vintərn]
invernale (agg)	vinter-	['vintər-]

mese (m)	månad (en)	['mo:nad]
questo mese	den här månaden	[dɛn hæ:r 'mo:nadən]
il mese prossimo	nästa månad	['nɛsta 'mo:nad]
il mese scorso	förra månaden	['fœ:ra 'mo:nadən]

un mese fa	för en månad sedan	['før en 'mo:nad 'sedan]
fra un mese	om en månad	[ɔm en 'mo:nad]
fra due mesi	om två månader	[ɔm tvo: 'mo:nadər]
un mese intero	en hel månad	[en helʲ 'mo:nad]
per tutto il mese	hela månaden	['helʲa 'mo:nadən]

mensile (rivista ~)	månatlig	[mo'natlig]
mensilmente	månatligen	[mo'natligən]
ogni mese	varje månad	['varjə ˌmo:nad]
due volte al mese	två gånger i månaden	[tvo: 'gɔŋər i 'mo:nadən]

anno (m)	år (ett)	['o:r]
quest'anno	i år	[i 'o:r]
l'anno prossimo	nästa år	['nɛsta ˌo:r]
l'anno scorso	i fjol, förra året	[i 'fjʊlʲ], ['fœ:ra 'o:ret]

un anno fa	för ett år sedan	['før et 'o:r 'sedan]
fra un anno	om ett år	[ɔm et 'o:r]
fra due anni	om två år	[ɔm tvo 'o:r]
un anno intero	ett helt år	[ɛt helʲt 'o:r]
per tutto l'anno	hela året	['helʲa 'o:ret]

ogni anno	varje år	['varjə 'o:r]
annuale (agg)	årlig	['o:lʲig]

annualmente	**årligen**	['oːˌligən]
quattro volte all'anno	**fyra gånger om året**	['fyra 'goŋər ɔm 'oːret]
data (f) (~ di oggi)	**datum (ett)**	['datum]
data (f) (~ di nascita)	**datum (ett)**	['datum]
calendario (m)	**almanacka (en)**	['alˈmanaka]
mezz'anno (m)	**halvår (ett)**	['halʲvˌoːr]
semestre (m)	**halvår (ett)**	['halʲvˌoːr]
stagione (f) (estate, ecc.)	**årstid (en)**	['oːʂˌtid]
secolo (m)	**sekel (ett)**	['sekəlʲ]

VIAGGIO. HOTEL

T&P Books Publishing

turismo (m)	turism (en)	[tu'rism]
turista (m)	turist (en)	[tu'rist]
viaggio (m) (all'estero)	resa (en)	['resa]
avventura (f)	äventyr (ett)	['ɛ:vɛnˌtyr]
viaggio (m) (corto)	tripp (en)	['trip]
vacanza (f)	semester (en)	[se'mɛstər]
essere in vacanza	att ha semester	[at ha se'mɛstər]
riposo (m)	uppehåll (ett), vila (en)	['upə'ho:lʲ], ['vilʲa]
treno (m)	tåg (ett)	['to:g]
in treno	med tåg	[me 'to:g]
aereo (m)	flygplan (ett)	['flʲygplʲan]
in aereo	med flygplan	[me 'flʲygplʲan]
in macchina	med bil	[me 'bilʲ]
in nave	med båt	[me 'bo:t]
bagaglio (m)	bagage (ett)	[ba'ga:ʃ]
valigia (f)	resväska (en)	['rɛsˌvɛska]
carrello (m)	bagagevagn (en)	[ba'ga:ʃ ˌvagn]
passaporto (m)	pass (ett)	['pas]
visto (m)	visum (ett)	['vi:sum]
biglietto (m)	biljett (en)	[bi'lʲet]
biglietto (m) aereo	flygbiljett (en)	['flʲyg biˌlʲet]
guida (f)	reseguidebok (en)	['reseˌgajdbʊk]
carta (f) geografica	karta (en)	['ka:ʈa]
località (f)	område (ett)	['ɔmˌro:də]
luogo (m)	plats (en)	['plʲats]
ogetti (m pl) esotici	(det) exotiska	[ɛ'ksɔtiska]
esotico (agg)	exotisk	[ɛk'sɔtisk]
sorprendente (agg)	förunderlig	[fø'rundelig]
gruppo (m)	grupp (en)	['grup]
escursione (f)	utflykt (en)	['ʉtˌflʲykt]
guida (f) (cicerone)	guide (en)	['gajd]

21. Hotel

albergo (m)	hotell (ett)	[hʊ'tɛlʲ]
motel (m)	motell (ett)	[mʊ'tɛlʲ]

tre stelle	trestjärnigt	['treˌɦæːŋit]
cinque stelle	femstjärnigt	[fɛmˌɦæːŋit]
alloggiare (vi)	att bo	[at 'bʊ:]

camera (f)	rum (ett)	['ru:m]
camera (f) singola	enkelrum (ett)	['ɛŋkəlʲˌru:m]
camera (f) doppia	dubbelrum (ett)	['dubəlʲˌru:m]
prenotare una camera	att boka rum	[at 'bʊka 'ru:m]

| mezza pensione (f) | halvpension (en) | ['halʲvˌpan'ɦʊn] |
| pensione (f) completa | helpension (en) | ['helʲˌpan'ɦʊn] |

con bagno	med badkar	[me 'badˌkar]
con doccia	med dusch	[me 'duʃ]
televisione (f) satellitare	satellit-TV (en)	[satɛ'li:t 'teve]
condizionatore (m)	luftkonditionerare (en)	['lʉftˌkondifɦu'nerarə]
asciugamano (m)	handduk (en)	['handˌdʉ:k]
chiave (f)	nyckel (en)	['nʏkəlʲ]

amministratore (m)	administratör (en)	[administra'tør]
cameriera (f)	städerska (en)	['stɛ:dɛʂka]
portabagagli (m)	bärare (en)	['bæ:rarə]
portiere (m)	portier (en)	[pɔ:'tʲe:]

ristorante (m)	restaurang (en)	[rɛstʊ'raŋ]
bar (m)	bar (en)	['bar]
colazione (f)	frukost (en)	['frʉ:kɔst]
cena (f)	kvällsmat (en)	['kvɛlʲsˌmat]
buffet (m)	buffet (en)	[bu'fet]

| hall (f) (atrio d'ingresso) | lobby (en) | ['lʲɔbi] |
| ascensore (m) | hiss (en) | ['his] |

| NON DISTURBARE | STÖR EJ! | ['stø:r ɛj] |
| VIETATO FUMARE! | RÖKNING FÖRBJUDEN | ['rœkniŋ før'bjʉ:dən] |

22. Visita turistica

monumento (m)	monument (ett)	[monu'mɛnt]
fortezza (f)	fästning (en)	['fɛstniŋ]
palazzo (m)	palats (ett)	[pa'lʲats]
castello (m)	borg (en)	['bɔrj]
torre (f)	torn (ett)	['tʊ:ɳ]
mausoleo (m)	mausoleum (ett)	[maʊsʊ'lʲeum]

architettura (f)	arkitektur (en)	[arkitɛk'tʉ:r]
medievale (agg)	medeltida	['medəlʲˌtida]
antico (agg)	gammal	['gamalʲ]
nazionale (agg)	nationell	[natɦʊ'nɛlʲ]
famoso (agg)	berömd	[be'rœmd]

turista (m)	**turist (en)**	[tu'rist]
guida (f)	**guide (en)**	['gajd]
escursione (f)	**utflykt (en)**	['ʉt‚flʲykt]
fare vedere	**att visa**	[at 'visa]
raccontare (vt)	**att berätta**	[at be'ræta]
trovare (vt)	**att hitta**	[at 'hita]
perdersi (vr)	**att gå vilse**	[at 'goː 'vilʲsə]
mappa (f) (~ della metropolitana)	**karta (en)**	['kaːʈa]
piantina (f) (~ della città)	**karta (en)**	['kaːʈa]
souvenir (m)	**souvenir (en)**	[suvɛ'niːr]
negozio (m) di articoli da regalo	**souvenirbutik (en)**	[suvɛ'niːr bu'tik]
fare foto	**att fotografera**	[at fʊtʊgra'fera]
fotografarsi	**att bli fotograferad**	[at bli fʊtʊgra'ferad]

T&P BOOKS

MEZZI DI TRASPORTO

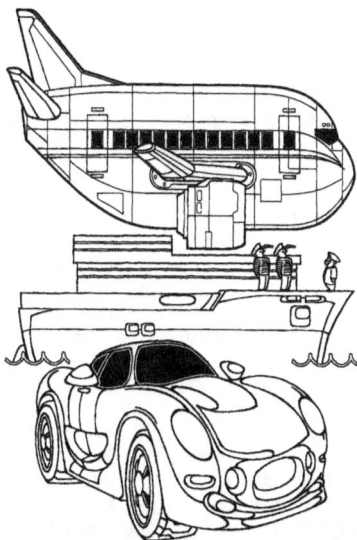

T&P Books Publishing

aeroporto (m)	flygplats (en)	[ˈflʲyɡˌplʲats]
aereo (m)	flygplan (ett)	[ˈflʲyɡplʲan]
compagnia (f) aerea	flygbolag (ett)	[ˈflʲyɡˌbʊlʲag]
controllore (m) di volo	flygledare (en)	[ˈflʲygˌlʲedarə]
partenza (f)	avgång (en)	[ˈavˌgɔŋ]
arrivo (m)	ankomst (en)	[ˈaŋˌkɔmst]
arrivare (vi)	att ankomma	[at ˈaŋˌkɔma]
ora (f) di partenza	avgångstid (en)	[ˈavgɔŋsˌtid]
ora (f) di arrivo	ankomsttid (en)	[ˈaŋkomstˌtid]
essere ritardato	att bli försenad	[at bli fœˈʂɛnad]
volo (m) ritardato	avgångsförsening (en)	[ˈavgɔŋsˌfœˈʂɛniŋ]
tabellone (m) orari	informationstavla (en)	[infɔrmaˈɧʊnsˌtavlʲa]
informazione (f)	information (en)	[infɔrmaˈɧʊn]
annunciare (vt)	att meddela	[at ˈmeˌdelʲa]
volo (m)	flyg (ett)	[ˈflʲyg]
dogana (f)	tull (en)	[ˈtulʲ]
doganiere (m)	tulltjänsteman (en)	[ˈtulʲ ˈɕɛnstəˌman]
dichiarazione (f)	tulldeklaration (en)	[ˈtulʲˌdɛklʲaraˈɧʊn]
riempire	att fylla i	[at ˈfylʲa ˈi]
(~ una dichiarazione)		
riempire una dichiarazione	att fylla i en tulldeklaration	[at ˈfylʲa i en ˈtulʲˌdɛklʲaraˈɧʊn]
controllo (m) passaporti	passkontroll (en)	[ˈpaskɔnˌtrolʲ]
bagaglio (m)	bagage (ett)	[baˈgaːʃ]
bagaglio (m) a mano	handbagage (ett)	[ˈhand baˌgaːʃ]
carrello (m)	bagagevagn (en)	[baˈgaːʃ ˌvagn]
atterraggio (m)	landning (en)	[ˈlʲandniŋ]
pista (f) di atterraggio	landningsbana (en)	[ˈlʲandniŋsˌbana]
atterrare (vi)	att landa	[at ˈlʲanda]
scaletta (f) dell'aereo	trappa (en)	[ˈtrapa]
check-in (m)	incheckning (en)	[ˈinˌɕɛkniŋ]
banco (m) del check-in	incheckningsdisk (en)	[ˈinˌɕɛkniŋs ˈdisk]
fare il check-in	att checka in	[at ˈɕɛka in]
carta (f) d'imbarco	boardingkort (ett)	[ˈbɔːɖiŋˌkɔːt]
porta (f) d'imbarco	gate (en)	[ˈgejt]

transito (m)	transit (en)	['transit]
aspettare (vt)	att vänta	[at 'vɛnta]
sala (f) d'attesa	väntsal (en)	['vɛnt͵salʲ]
accompagnare (vt)	att vinka av	[at 'viŋka av]
congedarsi (vr)	att säga adjö	[at 'sɛːja a'jøː]

24. Aeroplano

aereo (m)	flygplan (ett)	['flʲygplʲan]
biglietto (m) aereo	flygbiljett (en)	['flʲyg bi͵lʲet]
compagnia (f) aerea	flygbolag (ett)	['flʲyg͵bulʲag]
aeroporto (m)	flygplats (en)	['flʲyg͵plʲats]
supersonico (agg)	överljuds-	['øːverjʉːds-]

comandante (m)	kapten (en)	[kap'ten]
equipaggio (m)	besättning (en)	[be'sætniŋ]
pilota (m)	pilot (en)	[pi'lʲʉt]
hostess (f)	flygvärdinna (en)	['flʲyg͵væːdina]
navigatore (m)	styrman (en)	['styr͵man]

ali (f pl)	vingar (pl)	['viŋar]
coda (f)	stjärtfena (en)	['ɧæːt feːna]
cabina (f)	cockpit, förarkabin (en)	['kɔkpit], ['føːrar͵ka'bin]
motore (m)	motor (en)	['mʊtʊr]
carrello (m) d'atterraggio	landningsställ (ett)	['landniŋs͵stɛlʲ]
turbina (f)	turbin (en)	[tur'bin]

elica (f)	propeller (en)	[prʊ'pɛlʲer]
scatola (f) nera	svart låda (en)	['svaːt 'lʲoːda]
barra (f) di comando	styrspak (ett)	['sty:͵spak]
combustibile (m)	bränsle (ett)	['brɛnslʲe]

safety card (f)	säkerhetsinstruktion (en)	['sɛːkerhets instruk'ʃʊn]
maschera (f) ad ossigeno	syremask (en)	['syre͵mask]
uniforme (f)	uniform (en)	[uni'fɔrm]
giubbotto (m) di salvataggio	räddningsväst (en)	['rɛdniŋ͵vɛst]
paracadute (m)	fallskärm (en)	['falʲ͵ɧæːrm]

decollo (m)	start (en)	['staːt]
decollare (vi)	att lyfta	[at 'lʲyfta]
pista (f) di decollo	startbana (en)	['staːt͵baːna]

visibilità (f)	siktbarhet (en)	['siktbar͵het]
volo (m)	flygning (en)	['flʲygniŋ]
altitudine (f)	höjd (en)	['hœjd]
vuoto (m) d'aria	luftgrop (en)	['lʉft͵grʊp]

posto (m)	plats (en)	['plʲats]
cuffia (f)	hörlurar (pl)	['hœː͵lʲʉːrar]
tavolinetto (m) pieghevole	utfällbart bord (ett)	['ʉtfɛlʲ͵bart 'bʊːd]

| oblò (m), finestrino (m) | fönster (ett) | ['fœnstər] |
| corridoio (m) | mittgång (en) | ['mit‚gɔŋ] |

25. Treno

treno (m)	tåg (ett)	['to:g]
elettrotreno (m)	lokaltåg, pendeltåg (ett)	[lʲɔ'kalʲ‚to:g], ['pendəl‚to:g],
treno (m) rapido	expresståg (ett)	[ɛks'prɛs‚to:g]
locomotiva (f) diesel	diesellokomotiv (ett)	['disəlʲ lʲɔkɔmɔ'tiv]
locomotiva (f) a vapore	ånglokomotiv (en)	['ɔŋ‚lʲɔkɔmɔ'tiv]

| carrozza (f) | vagn (en) | ['vagn] |
| vagone (m) ristorante | restaurangvagn (en) | [rɛstɔ'raŋ‚vagn] |

rotaie (f pl)	räls, rälsar (pl)	['rɛlʲs], ['rɛlʲsar]
ferrovia (f)	järnväg (en)	['jæ:n‚vɛ:g]
traversa (f)	sliper (en)	['slipər]

banchina (f) (~ ferroviaria)	perrong (en)	[pɛ'rɔŋ]
binario (m) (~ 1, 2)	spår (ett)	['spo:r]
semaforo (m)	semafor (en)	[sema'fɔr]
stazione (f)	station (en)	[sta'ʃʊn]

macchinista (m)	lokförare (en)	['lʲʊk‚fø:rarə]
portabagagli (m)	bärare (en)	['bæ:rarə]
cuccettista (m, f)	tågvärd (en)	['to:g‚væ:ɖ]
passeggero (m)	passagerare (en)	[pasa'ɦerarə]
controllore (m)	kontrollant (en)	[kɔntrɔ'lʲant]

| corridoio (m) | korridor (en) | [kɔri'dɔ:r] |
| freno (m) di emergenza | nödbroms (en) | ['nø:d‚brɔms] |

scompartimento (m)	kupé (en)	[kʉ'pe:]
cuccetta (f)	slaf, säng (en)	['slaf], ['sɛŋ]
cuccetta (f) superiore	överslaf (en)	['øvə‚slaf]
cuccetta (f) inferiore	underslaf (en)	['undə‚slaf]
biancheria (f) da letto	sängkläder (pl)	['sɛŋ‚klʲɛ:dər]

biglietto (m)	biljett (en)	[bi'lʲet]
orario (m)	tidtabell (en)	['tid ta'bɛlʲ]
tabellone (m) orari	informationstavla (en)	[infɔrma'ʃʊns‚tavlʲa]

partire (vi)	att avgå	[at 'av‚go:]
partenza (f)	avgång (en)	['av‚gɔŋ]
arrivare (di un treno)	att ankomma	[at 'aŋ‚kɔma]
arrivo (m)	ankomst (en)	['aŋ‚kɔmst]

arrivare con il treno	att ankomma med tåget	[at 'aŋ‚kɔma me 'to:gət]
salire sul treno	att stiga på tåget	[at 'stiga pɔ 'to:gət]
scendere dal treno	att stiga av tåget	[at 'stiga av 'to:gət]

deragliamento (m)	tågolycka (en)	['to:g ʊ:'lʲyka]
deragliare (vi)	att spåra ur	[at 'spo:ra ɵ:r]
locomotiva (f) a vapore	ånglokomotiv (en)	['ɔŋˌlʲɔkɔmɔ'tiv]
fuochista (m)	eldare (en)	['ɛlʲdarə]
forno (m)	eldstad (en)	['ɛlʲdˌstad]
carbone (m)	kol (ett)	['kɔlʲ]

26. Nave

| nave (f) | skepp (ett) | ['ɧɛp] |
| imbarcazione (f) | fartyg (ett) | ['faːˌtyg] |

piroscafo (m)	ångbåt (en)	['ɔŋˌbo:t]
barca (f) fluviale	flodbåt (en)	['flʲʊdˌbo:t]
transatlantico (m)	kryssningfartyg (ett)	['krysniŋˌfa:'tyg]
incrociatore (m)	kryssare (en)	['krʏsarə]

yacht (m)	jakt (en)	['jakt]
rimorchiatore (m)	bogserbåt (en)	['bʊksɛ:rˌbo:t]
chiatta (f)	pråm (en)	['pro:m]
traghetto (m)	färja (en)	['fæ:rja]

| veliero (m) | segelbåt (en) | ['segəlʲˌbo:t] |
| brigantino (m) | brigantin (en) | [brigan'tin] |

| rompighiaccio (m) | isbrytare (en) | ['isˌbrytarə] |
| sottomarino (m) | ubåt (en) | [ɵ:'bo:t] |

barca (f)	båt (en)	['bo:t]
scialuppa (f)	jolle (en)	['jɔlʲe]
scialuppa (f) di salvataggio	livbåt (en)	['livˌbo:t]
motoscafo (m)	motorbåt (en)	['mʊtʊrˌbo:t]

capitano (m)	kapten (en)	[kap'ten]
marittimo (m)	matros (en)	[ma'trʊs]
marinaio (m)	sjöman (en)	['ɧø:ˌman]
equipaggio (m)	besättning (en)	[be'sætniŋ]

nostromo (m)	båtsman (en)	['botsman]
mozzo (m) di nave	jungman (en)	['jɵŋˌman]
cuoco (m)	kock (en)	['kɔk]
medico (m) di bordo	skeppsläkare (en)	['ɧɛpˌlʲɛ:karə]

ponte (m)	däck (ett)	['dɛk]
albero (m)	mast (en)	['mast]
vela (f)	segel (ett)	['segəlʲ]

stiva (f)	lastrum (ett)	['lʲastˌru:m]
prua (f)	bog (en)	['bʊg]
poppa (f)	akter (en)	['aktər]

remo (m)	åra (en)	['oːra]
elica (f)	propeller (en)	[prʊ'pɛlʲər]
cabina (f)	hytt (en)	['hʏt]
quadrato (m) degli ufficiali	officersmäss (en)	[ɔfi'seːrsˌmɛs]
sala (f) macchine	maskinrum (ett)	[ma'ɧiːnˌruːm]
ponte (m) di comando	kommandobrygga (en)	[kɔm'andʊˌbrʏga]
cabina (f) radiotelegrafica	radiohytt (en)	['radiʊˌhʏt]
onda (f)	våg (en)	['voːg]
giornale (m) di bordo	loggbok (en)	['lʲɔgˌbʊk]
cannocchiale (m)	tubkikare (en)	['tʉbˌɕikarə]
campana (f)	klocka (en)	['klʲɔka]
bandiera (f)	flagga (en)	['flʲaga]
cavo (m) (~ d'ormeggio)	tross (en)	['trɔs]
nodo (m)	knop, knut (en)	['knʊp], ['knʉt]
ringhiera (f)	räcken (pl)	['rɛkən]
passerella (f)	landgång (en)	['lʲandˌgɔŋ]
ancora (f)	ankar (ett)	['aŋkar]
levare l'ancora	att lätta ankar	[at 'lʲæta 'aŋkar]
gettare l'ancora	att kasta ankar	[at 'kasta 'aŋkar]
catena (f) dell'ancora	ankarkätting (en)	['aŋkarˌɕætiŋ]
porto (m)	hamn (en)	['hamn]
banchina (f)	kaj (en)	['kaj]
ormeggiarsi (vr)	att förtöja	[at fœː'ʈœːja]
salpare (vi)	att kasta loss	[at 'kasta 'lʲɔs]
viaggio (m)	resa (en)	['resa]
crociera (f)	kryssning (en)	['krʏsniŋ]
rotta (f)	kurs (en)	['kuːʂ]
itinerario (m)	rutt (en)	['rut]
tratto (m) navigabile	farled, segelled (en)	['faːlʲed], ['segəlˌled]
secca (f)	grund (ett)	['grʉnd]
arenarsi (vr)	att gå på grund	[at 'goː pɔ 'grʉnd]
tempesta (f)	storm (en)	['stɔrm]
segnale (m)	signal (en)	[sig'nalʲ]
affondare (andare a fondo)	att sjunka	[at 'ɧuŋka]
Uomo in mare!	Man överbord!	['man 'øːvəˌbʊːɖ]
SOS	SOS	[ɛso'ɛs]
salvagente (m) anulare	livboj (en)	['livˌbɔj]

T&P BOOKS

CITTÀ

T&P Books Publishing

27. Mezzi pubblici in città

autobus (m)	**buss (en)**	['bus]
tram (m)	**spårvagn (en)**	['spo:r,vagn]
filobus (m)	**trådbuss (en)**	['tro:d,bus]
itinerario (m)	**rutt (en)**	['rut]
numero (m)	**nummer (ett)**	['numər]
andare in ...	**att åka med ...**	[at 'o:ka me ...]
salire (~ sull'autobus)	**att stiga på ...**	[at 'stiga pɔ ...]
scendere da ...	**att stiga av ...**	[at 'stiga 'av ...]
fermata (f) (~ dell'autobus)	**hållplats (en)**	['hɔːlʲ,plats]
prossima fermata (f)	**nästa hållplats (en)**	['nɛsta 'hɔːlʲ,plats]
capolinea (m)	**slutstation (en)**	['slɵt,sta'ɧun]
orario (m)	**tidtabell (en)**	['tid ta'bɛlʲ]
aspettare (vt)	**att vänta**	[at 'vɛnta]
biglietto (m)	**biljett (en)**	[bi'lʲet]
prezzo (m) del biglietto	**biljettpris (ett)**	[bi'lʲet,pris]
cassiere (m)	**kassör (en)**	[ka'søːr]
controllo (m) dei biglietti	**biljettkontroll (en)**	[bi'lʲet kɔn'trolʲ]
bigliettaio (m)	**kontrollant (en)**	[kɔntrɔ'lʲant]
essere in ritardo	**att komma för sent**	[at 'kɔma før 'sɛnt]
perdere (~ il treno)	**att komma för sent till ...**	[at 'kɔma før 'sɛnt tilʲ ...]
avere fretta	**att skynda sig**	[at 'ɧʏnda sɛj]
taxi (m)	**taxi (en)**	['taksi]
taxista (m)	**taxichaufför (en)**	['taksi ɧɔ'føːr]
in taxi	**med taxi**	[me 'taksi]
parcheggio (m) di taxi	**taxihållplats (en)**	['taksi 'hoːlʲ,plʲats]
chiamare un taxi	**att ringa efter taxi**	[at 'riŋa ,ɛftə 'taksi]
prendere un taxi	**att ta en taxi**	[at ta en 'taksi]
traffico (m)	**trafik (en)**	[tra'fik]
ingorgo (m)	**trafikstopp (ett)**	[tra'fik,stɔp]
ore (f pl) di punta	**rusningstid (en)**	['rusniŋs,tid]
parcheggiarsi (vr)	**att parkera**	[at par'kera]
parcheggiare (vt)	**att parkera**	[at par'kera]
parcheggio (m)	**parkeringsplats (en)**	[par'keriŋs,plʲats]
metropolitana (f)	**tunnelbana (en)**	['tunəlʲ,bana]
stazione (f)	**station (en)**	[sta'ɧun]
prendere la metropolitana	**att ta tunnelbanan**	[at ta 'tunəlʲ,banan]

| treno (m) | tåg (ett) | ['to:g] |
| stazione (f) ferroviaria | tågstation (en) | ['to:g,sta'ɧʊn] |

28. Città. Vita di città

città (f)	stad (en)	['stad]
capitale (f)	huvudstad (en)	['hʉːvʉd,stad]
villaggio (m)	by (en)	['by]

mappa (f) della città	stadskarta (en)	['stads,kaːʈa]
centro (m) della città	centrum (ett)	['sɛntrum]
sobborgo (m)	förort (en)	['før,ʊːʈ]
suburbano (agg)	förorts-	['før,ʊːʦ-]

periferia (f)	utkant (en)	['ʉt,kant]
dintorni (m pl)	omgivningar (pl)	['ɔm,jiːvniŋar]
isolato (m)	kvarter (ett)	[kvaː'ʈər]
quartiere residenziale	bostadskvarter (ett)	['bʊstads,kvaː'ʈər]

traffico (m)	trafik (en)	[tra'fik]
semaforo (m)	trafikljus (ett)	[tra'fikjʉːs]
trasporti (m pl) urbani	offentlig transport (en)	[ɔ'fɛntli trans'pɔːʈ]
incrocio (m)	korsning (en)	['kɔːʂniŋ]

passaggio (m) pedonale	övergångsställe (ett)	['øːvərgɔŋs,stɛlˡe]
sottopassaggio (m)	gångtunnel (en)	['gɔŋ,tunəlˡ]
attraversare (vt)	att gå över	[at 'goː 'øːvər]
pedone (m)	fotgängare (en)	['fʊt,jenarə]
marciapiede (m)	trottoar (en)	[trɔtʊ'ar]

ponte (m)	bro (en)	['brʊ]
banchina (f)	kaj (en)	['kaj]
fontana (f)	fontän (en)	[fɔn'tɛn]

vialetto (m)	allé (en)	[a'lˡeː]
parco (m)	park (en)	['park]
boulevard (m)	boulevard (en)	[bʊlˡe'vaːɖ]
piazza (f)	torg (ett)	['tɔrj]
viale (m), corso (m)	aveny (en)	[ave'ny]
via (f), strada (f)	gata (en)	['gata]
vicolo (m)	sidogata (en)	['sidʊ,gata]
vicolo (m) cieco	återvändsgränd (en)	['oːtərvɛns,grɛnd]

casa (f)	hus (ett)	['hʉs]
edificio (m)	byggnad (en)	['bʏgnad]
grattacielo (m)	skyskrapa (en)	['ɧy,skrapa]

facciata (f)	fasad (en)	[fa'sad]
tetto (m)	tak (ett)	['tak]
finestra (f)	fönster (ett)	['fœnstər]

arco (m)	båge (en)	['bo:gə]
colonna (f)	kolonn (en)	[kʊ'lʲɔn]
angolo (m)	knut (en)	['knʉt]

vetrina (f)	skyltfönster (ett)	['ɧylʲt‚fœnstər]
insegna (f) (di negozi, ecc.)	skylt (en)	['ɧylʲt]
cartellone (m)	affisch (en)	[a'fi:ʃ]
cartellone (m) pubblicitario	reklamplakat (ett)	[rɛ'klʲam‚plʲa'kat]
tabellone (m) pubblicitario	reklamskylt (en)	[rɛ'klʲam‚ɧylʲt]

pattume (m), spazzatura (f)	sopor, avfall (ett)	['sʊpʊr], ['avfalʲ]
pattumiera (f)	soptunna (en)	['sʊp‚tuna]
sporcare (vi)	att skräpa ner	[at 'skrɛ:pa ner]
discarica (f) di rifiuti	soptipp (en)	['sʊp‚tip]

cabina (f) telefonica	telefonkiosk (en)	[telʲe'fɔn‚ɕøsk]
lampione (m)	lyktstolpe (en)	['lʲyk‚stɔlʲpə]
panchina (f)	bänk (ett)	['bɛŋk]

poliziotto (m)	polis (en)	[pʊ'lis]
polizia (f)	polis (en)	[pʊ'lis]
mendicante (m)	tiggare (en)	['tigarə]
barbone (m)	hemlös (ett)	['hɛmlʲø:s]

29. Servizi cittadini

negozio (m)	affär, butik (en)	[a'fæ:r], [bu'tik]
farmacia (f)	apotek (ett)	[apʊ'tek]
ottica (f)	optiker (en)	['ɔptikər]
centro (m) commerciale	köpcenter (ett)	['ɕø:p‚sɛntɛr]
supermercato (m)	snabbköp (ett)	['snab‚ɕø:p]

panetteria (f)	bageri (ett)	[bage'ri:]
fornaio (m)	bagare (en)	['bagarə]
pasticceria (f)	konditori (ett)	[kɔnditʊ'ri:]
drogheria (f)	speceriaffär (en)	[spese'ri a'fæ:r]
macelleria (f)	slaktare butik (en)	['slʲaktarə bu'tik]

fruttivendolo (m)	grönsakshandel (en)	['grø:nsaks‚handəlʲ]
mercato (m)	marknad (en)	['marknad]

caffè (m)	kafé (ett)	[ka'fe:]
ristorante (m)	restaurang (en)	[rɛstɔ'raŋ]
birreria (f), pub (m)	pub (en)	['pub]
pizzeria (f)	pizzeria (en)	[pitse'ria]

salone (m) di parrucchiere	frisersalong (en)	['frisər ʂa‚lʲɔŋ]
ufficio (m) postale	post (en)	['pɔst]
lavanderia (f) a secco	kemtvätt (en)	['ɕemtvæt]
studio (m) fotografico	fotoateljé (en)	['fʊtʊ atə‚lje:]

negozio (m) di scarpe	skoaffär (en)	['skʊːaˌfæːr]
libreria (f)	bokhandel (en)	['bʊkˌhandəlʲ]
negozio (m) sportivo	sportaffär (en)	['spɔːʈ aˈfæːr]

riparazione (f) di abiti	klädreparationer (en)	['klʲɛd 'reparaˌɧʊnər]
noleggio (m) di abiti	kläduthyrning (en)	['klʲɛd ʉˈtyːɳin]
noleggio (m) di film	filmuthyrning (en)	['filʲm ʉˈtyːɳin]

circo (m)	cirkus (en)	['sirkʉs]
zoo (m)	zoo (ett)	['sʊː]
cinema (m)	biograf (en)	[biʊˈgraf]
museo (m)	museum (ett)	[mʉˈseum]
biblioteca (f)	bibliotek (ett)	[bibliʊˈtek]

teatro (m)	teater (en)	[teˈatər]
teatro (m) dell'opera	opera (en)	['ʊpera]
locale notturno (m)	nattklubb (en)	['natˌklʉb]
casinò (m)	kasino (ett)	[kaˈsinʊ]

moschea (f)	moské (en)	[mʊsˈkeː]
sinagoga (f)	synagoga (en)	['synaˌgɔga]
cattedrale (f)	katedral (en)	[katɛˈdralʲ]
tempio (m)	tempel (ett)	['tɛmpəlʲ]
chiesa (f)	kyrka (en)	['ɕyrka]

istituto (m)	institut (ett)	[instiˈtʉt]
università (f)	universitet (ett)	[univɛɕiˈtet]
scuola (f)	skola (en)	['skʊlʲa]

prefettura (f)	prefektur (en)	[prefɛkˈtʉːr]
municipio (m)	rådhus (en)	['rɔdˌhʉs]
albergo, hotel (m)	hotell (ett)	[hʊˈtɛlʲ]
banca (f)	bank (en)	['baŋk]

ambasciata (f)	ambassad (en)	[ambaˈsad]
agenzia (f) di viaggi	resebyrå (en)	['resebyˌrɔː]
ufficio (m) informazioni	informationsbyrå (en)	[infɔrmaˈɧʊns byˌrɔː]
ufficio (m) dei cambi	växelkontor (ett)	['vɛksəlʲ kɔnˈtʊr]

| metropolitana (f) | tunnelbana (en) | ['tunəlʲˌbana] |
| ospedale (m) | sjukhus (ett) | ['ɧʉːkˌhʉs] |

| distributore (m) di benzina | bensinstation (en) | [bɛnˈsinˌstaˈɧʊn] |
| parcheggio (m) | parkeringsplats (en) | [parˈkeriŋsˌplʲats] |

30. Cartelli

insegna (f) (di negozi, ecc.)	skylt (en)	['ɧylʲt]
iscrizione (f)	inskrift (en)	['inˌskrift]
cartellone (m)	poster, löpsedel (en)	['pɔstər], ['løpˌsedəlʲ]

segnale (m) di direzione	**vägvisare (en)**	['vɛːgˌvisarə]
freccia (f)	**pil (en)**	['pilʲ]
avvertimento (m)	**varning (en)**	['vaːɳiŋ]
avviso (m)	**varningsskylt (en)**	['vaːɳiŋs ˌɧylʲt]
avvertire, avvisare (vt)	**att varna**	[at 'vaːɳa]
giorno (m) di riposo	**fridag (en)**	['friˌdag]
orario (m)	**tidtabell (en)**	['tid taˈbɛlʲ]
orario (m) di apertura	**öppettider (pl)**	['øpetˌtiːdər]
BENVENUTI!	**VÄLKOMMEN!**	['vɛlʲˌkɔmən]
ENTRATA	**INGÅNG**	['inˌgɔŋ]
USCITA	**UTGÅNG**	['ʉtˌgɔŋ]
SPINGERE	**TRYCK**	['trʏk]
TIRARE	**DRAG**	['drag]
APERTO	**ÖPPET**	['øpet]
CHIUSO	**STÄNGT**	['stɛɳt]
DONNE	**DAMER**	['damər]
UOMINI	**HERRAR**	['hɛ'rar]
SCONTI	**RABATT**	[ra'bat]
SALDI	**REA**	['rea]
NOVITÀ!	**NYHET!**	['nyhet]
GRATIS	**GRATIS**	['gratis]
ATTENZIONE!	**OBS!**	['ɔbs]
COMPLETO	**FUIIBOKAT**	['fulʲˌbʉkat]
RISERVATO	**RESERVERAT**	[resɛr'verat]
AMMINISTRAZIONE	**ADMINISTRATION**	[administra'ɧun]
RISERVATO AL PERSONALE	**ENDAST PERSONAL**	['ɛndast pɛʂʉ'nalʲ]
ATTENTI AL CANE	**VARNING FÖR HUNDEN**	['vaːɳiŋ før 'hundən]
VIETATO FUMARE!	**RÖKNING FÖRBJUDEN**	['rœkniŋ før'bjʉːdən]
NON TOCCARE	**FÅR EJ VIDRÖRAS!**	['foːr ej 'vidrøːras]
PERICOLOSO	**FARLIG**	['faːˌlig]
PERICOLO	**FARA**	['fara]
ALTA TENSIONE	**HÖGSPÄNNING**	['høːgˌspɛniŋ]
DIVIETO DI BALNEAZIONE	**BADNING FÖRBJUDEN**	['badniŋ før'bjʉːdən]
GUASTO	**UR FUNKTION**	['ʉr fuŋk'ɧun]
INFIAMMABILE	**BRANDFARLIG**	['brandˌfaːˌlig]
VIETATO	**FÖRBJUD**	[før'bjʉːd]
VIETATO L'INGRESSO	**TIIITRÄDE FÖRBJUDET**	['tilʲtrɛːdə før'bjʉːdət]
VERNICE FRESCA	**NYMÅLAT**	['nyˌmoːlʲat]

31. Acquisti

comprare (vt)	att köpa	[at 'çø:pa]
acquisto (m)	inköp (ett)	['in,çø:p]
fare acquisti	att shoppa	[at 'ʃɔpa]
shopping (m)	shopping (en)	['ʃɔpiŋ]

| essere aperto (negozio) | att vara öppen | [at 'vara 'øpən] |
| essere chiuso | att vara stängd | [at 'vara stɛŋd] |

calzature (f pl)	skodon (pl)	['skʊdʊn]
abbigliamento (m)	kläder (pl)	['klʲɛ:dər]
cosmetica (f)	kosmetika (en)	[kɔs'mɛtika]
alimentari (m pl)	matvaror (pl)	['mat,varʊr]
regalo (m)	gåva, present (en)	['go:va], [pre'sɛnt]

| commesso (m) | försäljare (en) | [fœ:'ʂɛljarə] |
| commessa (f) | försäljare (en) | [fœ:'ʂɛljarə] |

cassa (f)	kassa (en)	['kasa]
specchio (m)	spegel (en)	['spegəlʲ]
banco (m)	disk (en)	['disk]
camerino (m)	provrum (ett)	['prʊv,ru:m]

provare (~ un vestito)	att prova	[at 'prʊva]
stare bene (vestito)	att passa	[at 'pasa]
piacere (vi)	att gilla	[at 'jilʲa]

prezzo (m)	pris (ett)	['pris]
etichetta (f) del prezzo	prislapp (en)	['pris,lʲap]
costare (vt)	att kosta	[at 'kɔsta]
Quanto?	Hur mycket?	[hʉr 'mʏkə]
sconto (m)	rabatt (en)	[ra'bat]

no muy caro (agg)	billig	['bilig]
a buon mercato	billig	['bilig]
caro (agg)	dyr	['dyr]
È caro	Det är dyrt	[dɛ æ:r 'dy:t]

noleggio (m)	uthyrning (en)	['ʉt,hyɳiŋ]
noleggiare (~ un abito)	att hyra	[at 'hyra]
credito (m)	kredit (en)	[kre'dit]
a credito	på kredit	[pɔ kre'dit]

ABBIGLIAMENTO E ACCESSORI

vestiti (m pl)	kläder (pl)	['klʲɛːdər]
soprabito (m)	ytterkläder	['ytə‚klʲɛːdər]
abiti (m pl) invernali	vinterkläder (pl)	['vintə‚klʲɛːdər]
cappotto (m)	rock, kappa (en)	['rɔk], ['kapa]
pelliccia (f)	päls (en)	['pɛlʲs]
pellicciotto (m)	pälsjacka (en)	['pɛlʲs‚jaka]
piumino (m)	dunjacka (en)	['duːn‚jaka]
giubbotto (m), giaccha (f)	jacka (en)	['jaka]
impermeabile (m)	regnrock (en)	['rɛgn‚rɔk]
impermeabile (agg)	vattentät	['vatən‚tɛt]

camicia (f)	skjorta (en)	['ɧuːʈa]
pantaloni (m pl)	byxor (pl)	['byksʊr]
jeans (m pl)	jeans (en)	['jins]
giacca (f) (~ di tweed)	kavaj (en)	[ka'vaj]
abito (m) da uomo	kostym (en)	[kɔs'tym]
abito (m)	klänning (en)	['klʲɛniŋ]
gonna (f)	kjol (en)	['ɕøːlʲ]
camicetta (f)	blus (en)	['bluːs]
giacca (f) a maglia	stickad tröja (en)	['stikad 'trøja]
giacca (f) tailleur	dräktjacka, kavaj (en)	['drɛkt 'jaka], ['kavaj]
maglietta (f)	T-shirt (en)	['tiː‚ʃɔːʈ]
pantaloni (m pl) corti	shorts (en)	['ʃɔːʈs]
tuta (f) sportiva	träningsoverall (en)	['trɛːniŋs ɔve'rɔːlʲ]
accappatoio (m)	morgonrock (en)	['mɔrgɔn‚rɔk]
pigiama (m)	pyjamas (en)	[py'jamas]
maglione (m)	sweater, tröja (en)	['svitər], ['trøja]
pullover (m)	pullover (en)	[pu'lʲɔːvər]
gilè (m)	väst (en)	['vɛst]
frac (m)	frack (en)	['frak]
smoking (m)	smoking (en)	['smɔkiŋ]
uniforme (f)	uniform (en)	[uni'fɔrm]
tuta (f) da lavoro	arbetskläder (pl)	['arbets‚klʲɛːdər]

salopette (f)	overall (en)	['ɔveˌrɔ:lʲ]
camice (m) (~ del dottore)	rock (en)	['rɔk]

34. Abbigliamento. Biancheria intima

biancheria (f) intima	underkläder (pl)	['undəˌklʲɛ:dər]
boxer (m pl)	underbyxor (pl)	['undəˌbyksʊr]
mutandina (f)	trosor (pl)	['trʊsʊr]
maglietta (f) intima	undertröja (en)	['undəˌtrøja]
calzini (m pl)	sockor (pl)	['sɔkʊr]

camicia (f) da notte	nattlinne (ett)	['natˌlinə]
reggiseno (m)	behå (en)	[be'ho:]
calzini (m pl) alti	knästrumpor (pl)	['knɛːˌstrumpʊr]
collant (m)	strumpbyxor (pl)	['strumpˌbyksʊr]
calze (f pl)	strumpor (pl)	['strumpʊr]
costume (m) da bagno	baddräkt (en)	['badˌdrɛkt]

35. Copricapo

cappello (m)	hatt (en)	['hat]
cappello (m) di feltro	hatt (en)	['hat]
cappello (m) da baseball	baseballkeps (en)	['bejsbɔlʲ keps]
coppola (f)	keps (en)	['keps]

basco (m)	basker (en)	['baskər]
cappuccio (m)	luva, kapuschong (en)	['lʉ:va], [kapʉ'ɧɔ:ŋ]
panama (m)	panamahatt (en)	['panamaˌhat]
berretto (m) a maglia	luva (en)	['lʉ:va]

fazzoletto (m) da capo	sjalett (en)	[ɧa'lʲet]
cappellino (m) donna	hatt (en)	['hat]

casco (m) (~ di sicurezza)	hjälm (en)	['jɛlʲm]
bustina (f)	båtmössa (en)	['botˌmœsa]
casco (m) (~ moto)	hjälm (en)	['jɛlʲm]

bombetta (f)	plommonstop (ett)	['plʲʊmɔnˌstʊp]
cilindro (m)	hög hatt, cylinder (en)	['hø:g ˌhat], [sy'lindər]

36. Calzature

calzature (f pl)	skodon (pl)	['skʊdʊn]
stivaletti (m pl)	skor (pl)	['skʊr]
scarpe (f pl)	damskor (pl)	['damˌskʊr]
stivali (m pl)	stövlar (pl)	['støvlʲar]

pantofole (f pl)	tofflor (pl)	['tɔflʲʊr]
scarpe (f pl) da tennis	tennisskor (pl)	['tɛnisˌskʊr]
scarpe (f pl) da ginnastica	canvas skor (pl)	['kanvas ˌskʊr]
sandali (m pl)	sandaler (pl)	[san'dalʲer]
calzolaio (m)	skomakare (en)	['skʊˌmakarə]
tacco (m)	klack (en)	['klʲak]
paio (m)	par (ett)	['par]
laccio (m)	skosnöre (ett)	['skʊˌsnø:rə]
allacciare (vt)	att snöra	[at 'snø:ra]
calzascarpe (m)	skohorn (ett)	['skʊˌhʊ:ŋ]
lucido (m) per le scarpe	skokräm (en)	['skʊˌkrɛm]

37. Accessori personali

guanti (m pl)	handskar (pl)	['hanskar]
manopole (f pl)	vantar (pl)	['vantar]
sciarpa (f)	halsduk (en)	['halʲsˌdɵ:k]
occhiali (m pl)	glasögon (pl)	['glʲasˌø:gɔn]
montatura (f)	båge (en)	['bo:gə]
ombrello (m)	paraply (ett)	[para'plʲy]
bastone (m)	käpp (en)	['ɕɛp]
spazzola (f) per capelli	hårborste (en)	['ho:rˌbo:ʂtə]
ventaglio (m)	solfjäder (en)	['sʊlʲˌfjɛ:dər]
cravatta (f)	slips (en)	['slips]
cravatta (f) a farfalla	fluga (en)	['flʊ:ga]
bretelle (f pl)	hängslen (pl)	['hɛŋslʲən]
fazzoletto (m)	näsduk (en)	['nɛsˌdɵk]
pettine (m)	kam (en)	['kam]
fermaglio (m)	hårklämma (ett)	['ho:rˌklʲɛma]
forcina (f)	hårnål (en)	['ho:ˌŋo:lʲ]
fibbia (f)	spänne (ett)	['spɛnə]
cintura (f)	bälte (ett)	['bɛlʲtə]
spallina (f)	rem (en)	['rem]
borsa (f)	väska (en)	['vɛska]
borsetta (f)	damväska (en)	['damˌvɛska]
zaino (m)	ryggsäck (en)	['rʏgˌsɛk]

38. Abbigliamento. Varie

moda (f)	mode (ett)	['mʊdə]
di moda	modern	[mʊ'dɛ:ŋ]

stilista (m)	modedesigner (en)	['mʊdə de'sajnər]
collo (m)	krage (en)	['kragə]
tasca (f)	ficka (en)	['fika]
tascabile (agg)	fick-	['fik-]
manica (f)	ärm (en)	['æ:rm]
asola (f) per appendere	hängband (ett)	['hɛŋ band]
patta (f) (~ dei pantaloni)	gylf (en)	['gylʲf]

cerniera (f) lampo	blixtlås (ett)	['blikst‚lʲo:s]
chiusura (f)	knäppning (en)	['knɛpniŋ]
bottone (m)	knapp (en)	['knap]
occhiello (m)	knapphål (ett)	['knap‚ho:lʲ]
staccarsi (un bottone)	att lossna	[at 'lʲɔsna]

cucire (vi, vt)	att sy	[at sy]
ricamare (vi, vt)	att brodera	[at brʊ'dera]
ricamo (m)	broderi (ett)	[brʊde'ri:]
ago (m)	synål (en)	['sy‚no:lʲ]
filo (m)	tråd (en)	['tro:d]
cucitura (f)	söm (en)	['sø:m]

sporcarsi (vr)	att smutsa ned sig	[at 'smutsa ned sɛj]
macchia (f)	fläck (en)	['flʲɛk]
sgualcirsi (vr)	att bli skrynklig	[at bli 'skrynklig]
strappare (vt)	att riva	[at 'riva]
tarma (f)	mal (en)	['malʲ]

39. Cura della persona. Cosmetici

dentifricio (m)	tandkräm (en)	['tand‚krɛm]
spazzolino (m) da denti	tandborste (en)	['tand‚bɔ:ʂtə]
lavarsi i denti	att borsta tänderna	[at 'bɔ:ʂta 'tɛndɛ:ɳa]

rasoio (m)	hyvel (en)	['hyvəlʲ]
crema (f) da barba	rakkräm (en)	['rak‚krɛm]
rasarsi (vr)	att raka sig	[at 'raka sɛj]

| sapone (m) | tvål (en) | ['tvo:lʲ] |
| shampoo (m) | schampo (ett) | ['ɧam‚pʊ] |

forbici (f pl)	sax (en)	['saks]
limetta (f)	nagelfil (en)	['nagəlʲ‚filʲ]
tagliaunghie (m)	nageltång (en)	['nagəlʲ‚tɔŋ]
pinzette (f pl)	pincett (en)	[pin'sɛt]

cosmetica (f)	kosmetika (en)	[kɔs'mɛtika]
maschera (f) di bellezza	ansiktsmask (en)	[an'sikts‚mask]
manicure (m)	manikyr (en)	[mani'kyr]
fare la manicure	att få manikyr	[at fo: mani'kyr]
pedicure (m)	pedikyr (en)	[pedi'kyr]

borsa (f) del trucco	kosmetikväska (en)	[kɔsmɛ'tikˌvɛska]
cipria (f)	puder (ett)	['puːdər]
portacipria (m)	puderdosa (en)	['puːdɛˌdoːsa]
fard (m)	rouge (ett)	['ruːʃ]

profumo (m)	parfym (en)	[par'fym]
acqua (f) da toeletta	eau de toilette (en)	['ɔːdetuaˌlʲet]
lozione (f)	rakvatten (ett)	['rakˌvatən]
acqua (f) di Colonia	eau de cologne (en)	['ɔːdekɔˌlʲɔnʲ]

ombretto (m)	ögonskugga (en)	['øːgɔnˌskuga]
eyeliner (m)	ögonpenna (en)	['øːgɔnˌpɛna]
mascara (m)	mascara (en)	[ma'skara]

rossetto (m)	läppstift (ett)	['lʲɛpˌstift]
smalto (m)	nagellack (ett)	['nagəlʲˌlʲak]
lacca (f) per capelli	hårspray (en)	['hoːrˌsprɛj]
deodorante (m)	deodorant (en)	[deʊdu'rant]

crema (f)	kräm (en)	['krɛm]
crema (f) per il viso	ansiktskräm (en)	[an'siktsˌkrɛm]
crema (f) per le mani	handkräm (en)	['handˌkrɛm]
crema (f) antirughe	anti-rynkor kräm (en)	['antiˌrʏŋkʊr 'krɛm]
crema (f) da giorno	dagkräm (en)	['dagˌkrɛm]
crema (f) da notte	nattkräm (en)	['natˌkrɛm]
da giorno	dag-	['dag-]
da notte	natt-	['nat-]

tampone (m)	tampong (en)	[tam'pɔŋ]
carta (f) igienica	toalettpapper (ett)	[tʊa'lʲetˌpapər]
fon (m)	hårtork (en)	['hoːˌtʊrk]

40. Orologi da polso. Orologio

orologio (m) (~ da polso)	armbandsur (ett)	['armbandsˌʉːr]
quadrante (m)	urtavla (en)	['ʉːˌtavlʲa]
lancetta (f)	visare (en)	['visarə]
braccialetto (m)	armband (ett)	['armˌband]
cinturino (m)	armband (ett)	['armˌband]

pila (f)	batteri (ett)	[batɛ'riː]
essere scarico	att bli urladdad	[at bli 'ʉːˌlʲadad]
cambiare la pila	att byta batteri	[at 'byta batɛ'riː]
andare avanti	att gå för fort	[at 'goː før 'foːt]
andare indietro	att gå för långsamt	[at 'goː før 'lʲɔnˌsamt]

orologio (m) da muro	väggklocka (en)	['vɛgˌklʲɔka]
clessidra (f)	sandklocka (en)	['sandˌklʲɔka]
orologio (m) solare	solklocka (en)	['sʊlʲˌklʲɔka]
sveglia (f)	väckarklocka (en)	['vɛkarˌklʲɔka]

orologiaio (m)	**urmakare (en)**	['ʉrˌmakarə]
riparare (vt)	**att reparera**	[at repa'rera]

T&P BOOKS

L'ESPERIENZA QUOTIDIANA

T&P Books Publishing

41. Denaro

soldi (m pl)	pengar (pl)	['pɛŋar]
cambio (m)	växling (en)	['vɛksliŋ]
corso (m) di cambio	kurs (en)	['kuːʂ]
bancomat (m)	bankomat (en)	[baŋkʊ'mat]
moneta (f)	mynt (ett)	['mʏnt]
dollaro (m)	dollar (en)	['dɔlʲar]
euro (m)	euro (en)	['ɛvrɔ]
lira (f)	lire (en)	['lirə]
marco (m)	mark (en)	['mark]
franco (m)	franc (en)	['fran]
sterlina (f)	pund sterling (ett)	['puŋ stɛr'liŋ]
yen (m)	yen (en)	['jɛn]
debito (m)	skuld (en)	['skʉlʲd]
debitore (m)	gäldenär (en)	[jɛlʲdɛ'næːr]
prestare (~ i soldi)	att låna ut	[at 'lʲoːna ʉt]
prendere in prestito	att låna	[at 'lʲoːna]
banca (f)	bank (en)	['baŋk]
conto (m)	konto (ett)	['kɔntʊ]
versare (vt)	att sätta in	[at 'sæta in]
versare sul conto	att sätta in på kontot	[at 'sæta in pɔ 'kɔntʊt]
prelevare dal conto	att ta ut från kontot	[at ta ʉt frɔn 'kɔntʊt]
carta (f) di credito	kreditkort (ett)	[kre'ditˌkɔːt]
contanti (m pl)	kontanter (pl)	[kɔn'tantər]
assegno (m)	check (en)	['ɕɛk]
emettere un assegno	att skriva en check	[at 'skriva en 'ɕɛk]
libretto (m) di assegni	checkbok (en)	['ɕɛkˌbʊk]
portafoglio (m)	plånbok (en)	['plʲoːnˌbʊk]
borsellino (m)	börs (en)	['bøːʂ]
cassaforte (f)	säkerhetsskåp (ett)	['sɛːkərhetsˌskoːp]
erede (m)	arvinge (en)	['arviŋə]
eredità (f)	arv (ett)	['arv]
fortuna (f)	förmögenhet (en)	[før'møgənˌhet]
affitto (m), locazione (f)	hyra (en)	['hyra]
canone (m) d'affitto	hyra (en)	['hyra]
affittare (dare in affitto)	att hyra	[at 'hyra]
prezzo (m)	pris (ett)	['pris]

costo (m)	kostnad (en)	['kɔstnad]
somma (f)	summa (en)	['suma]

spendere (vt)	att lägga ut	[at 'lʲɛga ʉt]
spese (f pl)	utgifter (pl)	['ʉtˌjiftər]
economizzare (vi, vt)	att spara	[at 'spara]
economico (agg)	sparsam	['spaːʂam]

pagare (vi, vt)	att betala	[at be'talʲa]
pagamento (m)	betalning (en)	[be'talʲniŋ]
resto (m) (dare il ~)	växel (en)	['vɛksəlʲ]

imposta (f)	skatt (en)	['skat]
multa (f), ammenda (f)	bot (en)	['bʉt]
multare (vt)	att bötfälla	[at 'bøtˌfɛlʲa]

42. Posta. Servizio postale

ufficio (m) postale	post (en)	['pɔst]
posta (f) (lettere, ecc.)	post (en)	['pɔst]
postino (m)	brevbärare (en)	['brevˌbæːrarə]
orario (m) di apertura	öppettider (pl)	['øpetˌtiːdər]

lettera (f)	brev (ett)	['brev]
raccomandata (f)	rekommenderat brev (ett)	[rekɔmən'derat brev]
cartolina (f)	postkort (ett)	['pɔstˌkɔːt]
telegramma (m)	telegram (ett)	[telʲe'gram]
pacco (m) postale	postpaket (ett)	['pɔst paˌket]
vaglia (m) postale	pengaöverföring (en)	['pɛŋaˌøvə'føːriŋ]

ricevere (vt)	att ta emot	[at ta ɛmoːt]
spedire (vt)	att skicka	[at 'ɧika]
invio (m)	avsändning (en)	['avˌsɛndniŋ]

indirizzo (m)	adress (en)	[a'drɛs]
codice (m) postale	postnummer (ett)	['pɔstˌnumər]
mittente (m)	avsändare (en)	['avˌsɛndarə]
destinatario (m)	mottagare (en)	['mɔtˌtagarə]

nome (m)	förnamn (ett)	['fœːˌɳamn]
cognome (m)	efternamn (ett)	['ɛftəˌɳamn]

tariffa (f)	tariff (en)	[ta'rif]
ordinario (agg)	vanlig	['vanlig]
standard (agg)	ekonomisk	[ɛkʉ'nɔmisk]

peso (m)	vikt (en)	['vikt]
pesare (vt)	att väga	[at 'vɛːga]
busta (f)	kuvert (ett)	[kʉ:'vær]

| francobollo (m) | frimärke (ett) | ['fri‚mærkə] |
| affrancare (vt) | att sätta på frimärke | [at 'sæta pɔ 'fri‚mærkə] |

43. Attività bancaria

| banca (f) | bank (en) | ['baŋk] |
| filiale (f) | avdelning (en) | [av'dɛlʲniŋ] |

| consulente (m) | konsulent (en) | [kɔnsu'lʲɛnt] |
| direttore (m) | föreståndare (en) | [førə'stɔndarə] |

conto (m) bancario	bankkonto (ett)	['baŋk‚kɔntʊ]
numero (m) del conto	kontonummer (ett)	['kɔntʊ‚numər]
conto (m) corrente	checkkonto (ett)	['ɕɛk‚kɔntʊ]
conto (m) di risparmio	sparkonto (ett)	['spar‚kɔntʊ]

aprire un conto	att öppna ett konto	[at 'øpna ɛt 'kɔntʊ]
chiudere il conto	att avsluta kontot	[at 'av‚slʉ:ta 'kɔntʊt]
versare sul conto	att sätta in på kontot	[at 'sæta in pɔ 'kɔntʊt]
prelevare dal conto	att ta ut från kontot	[at ta ʉt frɔn 'kɔntʊt]

deposito (m)	insats (en)	['in‚sats]
depositare (vt)	att sätta in	[at 'sæta in]
trasferimento (m) telegrafico	överföring (en)	['ø:və‚fø:riŋ]
rimettere i soldi	att överföra	[at ø:və‚føra]

| somma (f) | summa (en) | ['suma] |
| Quanto? | Hur mycket? | [hʉr 'mʏkə] |

| firma (f) | signatur, underskrift (en) | [signa'tʉ:r], ['undə‚skrift] |
| firmare (vt) | att underteckna | [at 'undə‚tɛkna] |

| carta (f) di credito | kreditkort (ett) | [kre'dit‚kɔ:ʈ] |
| codice (m) | kod (en) | ['kɔd] |

| numero (m) della carta di credito | kreditkortsnummer (ett) | [kre'dit‚kɔ:ʦ 'numər] |

| bancomat (m) | bankomat (en) | [baŋkʊ'mat] |

assegno (m)	check (en)	['ɕɛk]
emettere un assegno	att skriva en check	[at 'skriva en 'ɕɛk]
libretto (m) di assegni	checkbok (en)	['ɕɛk‚bʊk]

prestito (m)	lån (ett)	['lʲo:n]
fare domanda per un prestito	att ansöka om lån	[at 'an‚sø:ka ɔm 'lʲo:n]
ottenere un prestito	att få ett lån	[at fo: et 'lʲo:n]
concedere un prestito	att ge ett lån	[at je: et 'lʲo:n]
garanzia (f)	garanti (en)	[garan'ti:]

44. Telefono. Conversazione telefonica

telefono (m)	telefon (en)	[telⁱeˈfɔn]
telefonino (m)	mobiltelefon (en)	[mɔˈbilⁱ telⁱeˈfɔn]
segreteria (f) telefonica	telefonsvarare (en)	[telⁱeˈfɔnˌsvararə]
telefonare (vi, vt)	att ringa	[at ˈriŋa]
chiamata (f)	telefonsamtal (en)	[telⁱeˈfɔnˌsamtalⁱ]
comporre un numero	att slå nummer	[at ˈslⁱoː ˈnumər]
Pronto!	Hallå!	[haˈlⁱoː]
chiedere (domandare)	att fråga	[at ˈfroːga]
rispondere (vi, vt)	att svara	[at ˈsvara]
udire (vt)	att höra	[at ˈhøːra]
bene	gott, bra	[ˈgɔt], [ˈbra]
male	dåligt	[ˈdoːlit]
disturbi (m pl)	bruser, störningar (pl)	[ˈbrʉːsər], [ˈstøːɳiŋar]
cornetta (f)	telefonlur (en)	[telⁱeˈfɔnˌlʉːr]
alzare la cornetta	att lyfta telefonluren	[at ˈlⁱyfta telⁱeˈfɔn ˈlʉːrən]
riattaccare la cornetta	att lägga på	[at ˈlⁱɛga pɔ]
occupato (agg)	upptagen	[ˈupˌtagən]
squillare (del telefono)	att ringa	[at ˈriŋa]
elenco (m) telefonico	telefonkatalog (en)	[telⁱeˈfɔn kataˈlⁱɔg]
locale (agg)	lokal-	[lⁱɔˈkalⁱ-]
telefonata (f) urbana	lokalsamtal (ett)	[lⁱɔˈkalⁱˌsamtalⁱ]
interurbano (agg)	riks-	[ˈriks-]
telefonata (f) interurbana	rikssamtal (ett)	[ˈriksˌsamtalⁱ]
internazionale (agg)	internationell	[ˈintɛːɳatʃʊˌnɛlⁱ]
telefonata (f) internazionale	internationell samtal (ett)	[ˈintɛːɳatʃʊˌnɛlⁱ ˈsamtalⁱ]

45. Telefono cellulare

telefonino (m)	mobiltelefon (en)	[mɔˈbilⁱ telⁱeˈfɔn]
schermo (m)	skärm (en)	[ˈʃæːrm]
tasto (m)	knapp (en)	[ˈknap]
scheda SIM (f)	SIM-kort (ett)	[ˈsimˌkɔːt]
pila (f)	batteri (ett)	[batɛˈriː]
essere scarico	att bli urladdad	[at bli ˈʉːˌlⁱadad]
caricabatteria (m)	laddare (en)	[ˈlⁱadarə]
menù (m)	meny (en)	[meˈny]
impostazioni (f pl)	inställningar (pl)	[ˈinˌstɛlⁱˈniŋar]
melodia (f)	melodi (en)	[melⁱɔˈdiː]
scegliere (vt)	att välja	[at ˈvɛlja]

calcolatrice (f)	kalkylator (en)	[kalʲky'lʲatʊr]
segreteria (f) telefonica	telefonsvarare (en)	[telʲe'fɔn‚svararə]
sveglia (f)	väckarklocka, alarm (en)	['vɛkar‚klʲɔka], [a'lʲarm]
contatti (m pl)	kontakter (pl)	[kɔn'taktər]

messaggio (m) SMS	SMS meddelande (ett)	[ɛsɛ'mɛs me'delʲandə]
abbonato (m)	abonnent (en)	[abɔ'nɛnt]

46. Articoli di cancelleria

penna (f) a sfera	kulspetspenna (en)	['kʉlʲspets‚pɛna]
penna (f) stilografica	reservoarpenna (en)	[resɛrvʊ'ar‚pɛna]

matita (f)	blyertspenna (en)	['blʲyɛ:ʈs‚pɛna]
evidenziatore (m)	märkpenna (en)	['mœrk‚pɛna]
pennarello (m)	tuschpenna (en)	['tu:ʃ‚pɛna]

taccuino (m)	block (ett)	['blʲɔk]
agenda (f)	dagbok (en)	['dag‚bʊk]

righello (m)	linjal (en)	[li'njalʲ]
calcolatrice (f)	kalkylator (en)	[kalʲky'lʲatʊr]
gomma (f) per cancellare	suddgummi (ett)	['sud‚gumi]
puntina (f)	häftstift (ett)	['hɛft‚stift]
graffetta (f)	gem (ett)	['gem]

colla (f)	lim (ett)	['lim]
pinzatrice (f)	häftapparat (en)	['hɛft apa‚rat]
perforatrice (f)	hålslag (ett)	['ho:lʲ‚slʲag]
temperamatite (m)	pennvässare (en)	['pɛn‚vɛsarə]

47. Lingue straniere

lingua (f)	språk (ett)	['spro:k]
straniero (agg)	främmande	['frɛmandə]
lingua (f) straniera	främmande språk (ett)	['frɛmandə spro:k]
studiare (vt)	att studera	[at stu'dera]
imparare (una lingua)	att lära sig	[at 'lʲæ:ra sɛj]

leggere (vi, vt)	att läsa	[at 'lʲɛ:sa]
parlare (vi, vt)	att tala	[at 'talʲa]
capire (vt)	att förstå	[at fœ:'ʂto:]
scrivere (vi, vt)	att skriva	[at 'skriva]

rapidamente	snabbt	['snabt]
lentamente	långsamt	['lʲɔŋ‚samt]
correntemente	flytande	['flʲytandə]
regole (f pl)	regler (pl)	['rɛglʲər]

grammatica (f)	grammatik (en)	[grama'tik]
lessico (m)	ordförråd (ett)	['ʊːɖfœːˌroːd]
fonetica (f)	fonetik (en)	[fɔne'tik]

manuale (m)	lärobok (en)	['lʲæːrʊˌbʊk]
dizionario (m)	ordbok (en)	['ʊːɖˌbʊk]
manuale (m) autodidattico	självinstruerande lärobok (en)	['ɧɛlʲv instrʉ'ɛrandə 'lʲæːrʊˌbʊk]
frasario (m)	parlör (en)	[pa:'lʲøːr]

cassetta (f)	kassett (en)	[ka'sɛt]
videocassetta (f)	videokassett (en)	['videʊ ka'sɛt]
CD (m)	cd-skiva (en)	['sede ˌɧiva]
DVD (m)	dvd (en)	[deve'de:]

alfabeto (m)	alfabet (ett)	['alʲfabet]
compitare (vt)	att stava	[at 'stava]
pronuncia (f)	uttal (ett)	['ʉtˌtalʲ]

accento (m)	brytning (en)	['brʏtniŋ]
con un accento	med brytning	[me 'brʏtniŋ]
senza accento	utan brytning	['ʉtan 'brʏtniŋ]

| vocabolo (m) | ord (ett) | ['ʊːɖ] |
| significato (m) | betydelse (en) | [be'tydəlʲsə] |

corso (m) (~ di francese)	kurs (en)	['kuːʂ]
iscriversi (vr)	att anmäla sig	[at 'anˌmɛ:lʲa sɛj]
insegnante (m, f)	lärare (en)	['lʲæːrarə]

traduzione (f) (fare una ~)	översättning (en)	['øːvəˌsætniŋ]
traduzione (f) (un testo)	översättning (en)	['øːvəˌsætniŋ]
traduttore (m)	översättare (en)	['øːvəˌsætarə]
interprete (m)	tolk (en)	['tɔlʲk]

| poliglotta (m) | polyglott (en) | [pʊlʏ'glʲɔt] |
| memoria (f) | minne (ett) | ['minə] |

PASTI. RISTORANTE

T&P Books Publishing

48. Preparazione della tavola

cucchiaio (m)	sked (en)	['ɧed]
coltello (m)	kniv (en)	['kniv]
forchetta (f)	gaffel (en)	['gafəlʲ]
tazza (f)	kopp (en)	['kop]
piatto (m)	tallrik (en)	['talʲrik]
piattino (m)	tefat (ett)	['te‚fat]
tovagliolo (m)	servett (en)	[sɛr'vɛt]
stuzzicadenti (m)	tandpetare (en)	['tand‚petarə]

49. Ristorante

ristorante (m)	restaurang (en)	[rɛstɔ'raŋ]
caffè (m)	kafé (ett)	[ka'fe:]
pub (m), bar (m)	bar (en)	['bar]
sala (f) da tè	tehus (ett)	['te:‚hʉs]
cameriere (m)	servitör (en)	[sɛrvi'tø:r]
cameriera (f)	servitris (en)	[sɛrvi'tris]
barista (m)	bartender (en)	['ba:‚tɛndər]
menù (m)	meny (en)	[me'ny]
lista (f) dei vini	vinlista (en)	['vin‚lista]
prenotare un tavolo	att reservera bord	[at resɛr'vera bʉːd]
piatto (m)	rätt (en)	['ræt]
ordinare (~ il pranzo)	att beställa	[at be'stɛlʲa]
fare un'ordinazione	att beställa	[at be'stɛlʲa]
aperitivo (m)	aperitif (en)	[aperi'tif]
antipasto (m)	förrätt (en)	['fœ:ræt]
dolce (m)	dessert (en)	[dɛ'sɛ:r]
conto (m)	nota (en)	['nʊta]
pagare il conto	att betala notan	[at be'talʲa 'nʊtan]
dare il resto	att ge tillbaka växel	[at je: tilʲ'baka 'vɛksəlʲ]
mancia (f)	dricks (en)	['driks]

50. Pasti

cibo (m)	mat (en)	['mat]
mangiare (vi, vt)	att äta	[at 'ɛ:ta]

colazione (f)	frukost (en)	['fru:kɔst]
fare colazione	att äta frukost	[at 'ɛ:ta 'fru:kɔst]
pranzo (m)	lunch (en)	['lʉnɕ]
pranzare (vi)	att äta lunch	[at 'ɛ:ta ˌlʉnɕ]
cena (f)	kvällsmat (en)	['kvɛlʲsˌmat]
cenare (vi)	att äta kvällsmat	[at 'ɛ:ta 'kvɛlʲsˌmat]

appetito (m)	aptit (en)	['aptit]
Buon appetito!	Smaklig måltid!	['smaklig 'mo:lʲtid]

aprire (vt)	att öppna	[at 'øpna]
rovesciare (~ il vino, ecc.)	att spilla	[at 'spilʲa]
rovesciarsi (vr)	att spillas ut	[at 'spilʲas ʉt]

bollire (vi)	att koka	[at 'kʊka]
far bollire	att koka	[at 'kʊka]
bollito (agg)	kokt	['kʊkt]
raffreddare (vt)	att avkyla	[at 'avˌɕylʲa]
raffreddarsi (vr)	att avkylas	[at 'avˌɕylʲas]

gusto (m)	smak (en)	['smak]
retrogusto (m)	bismak (en)	['bismak]

essere a dieta	att vara på diet	[at 'vara pɔ di'et]
dieta (f)	diet (en)	[di'et]
vitamina (f)	vitamin (ett)	[vita'min]
caloria (f)	kalori (en)	[kalʲo'ri:]
vegetariano (m)	vegetarian (en)	[vegetiri'an]
vegetariano (agg)	vegetarisk	[vege'tarisk]

grassi (m pl)	fett (ett)	['fɛt]
proteine (f pl)	proteiner (pl)	[prote'i:nər]
carboidrati (m pl)	kolhydrater (pl)	['kolʲhyˌdratər]
fetta (f), fettina (f)	skiva (en)	['ʃiva]
pezzo (m) (~ di torta)	bit (en)	['bit]
briciola (f) (~ di pane)	smula (en)	['smʉlʲa]

51. Pietanze cucinate

piatto (m) (~ principale)	rätt (en)	['ræt]
cucina (f)	kök (ett)	['ɕø:k]
ricetta (f)	recept (ett)	[re'sɛpt]
porzione (f)	portion (en)	[pɔ:t'ʂʉn]

insalata (f)	sallad (en)	['salʲad]
minestra (f)	soppa (en)	['sɔpa]

brodo (m)	buljong (en)	[bu'ljɔŋ]
panino (m)	smörgås (en)	['smœrˌgo:s]
uova (f pl) al tegamino	stekt ägg (en)	['stɛkt ˌɛg]

hamburger (m)	hamburgare (en)	['hamburgarə]
bistecca (f)	biffstek (en)	['bifˌstɛk]
contorno (m)	tillbehör (ett)	['tilˈbeˌhør]
spaghetti (m pl)	spagetti	[spa'gɛti]
purè (m) di patate	potatismos (ett)	[pʊ'tatisˌmʊs]
pizza (f)	pizza (en)	['pitsa]
porridge (m)	gröt (en)	['grø:t]
frittata (f)	omelett (en)	[ɔmə'lˈet]
bollito (agg)	kokt	['kʊkt]
affumicato (agg)	rökt	['rœkt]
fritto (agg)	stekt	['stɛkt]
secco (agg)	torkad	['tɔrkad]
congelato (agg)	fryst	['frʏst]
sottoaceto (agg)	sylt-	['sylˈt-]
dolce (gusto)	söt	['sø:t]
salato (agg)	salt	['salˈt]
freddo (agg)	kall	['kalˈ]
caldo (agg)	het, varm	['het], ['varm]
amaro (agg)	bitter	['bitər]
buono, gustoso (agg)	läcker	['lˈɛkər]
cuocere, preparare (vt)	att koka	[at 'kʊka]
cucinare (vi)	att laga	[at 'lˈaga]
friggere (vt)	att steka	[at 'steka]
riscaldare (vt)	att värma upp	[at 'væ:rma up]
salare (vt)	att salta	[at 'salˈta]
pepare (vt)	att peppra	[at 'pepra]
grattugiare (vt)	att riva	[at 'riva]
buccia (f)	skal (ett)	['skalˈ]
sbucciare (vt)	att skala	[at 'skalˈa]

52. Cibo

carne (f)	kött (ett)	['ɕœt]
pollo (m)	höna (en)	['hø:na]
pollo (m) novello	kyckling (en)	['ɕyklɪŋ]
anatra (f)	anka (en)	['aŋka]
oca (f)	gås (en)	['go:s]
cacciagione (f)	vilt (ett)	['vilˈt]
tacchino (m)	kalkon (en)	[kalˈ'kʊn]
maiale (m)	fläsk (ett)	['flˈɛsk]
vitello (m)	kalvkött (en)	['kalˈvˌɕœt]
agnello (m)	lammkött (ett)	['lˈamˌɕœt]
manzo (m)	oxkött, nötkött (ett)	['ʊksˌɕœt], ['nø:tˌɕœt]
coniglio (m)	kanin (en)	[ka'nin]

salame (m)	korv (en)	['kɔrv]
w?rstel (m)	wienerkorv (en)	['viŋerˌkɔrv]
pancetta (f)	bacon (ett)	['bɛjkɔn]
prosciutto (m)	skinka (en)	['ɧiŋka]
prosciutto (m) affumicato	skinka (en)	['ɧiŋka]

pâté (m)	paté (en)	[pa'te]
fegato (m)	lever (en)	['lʲevər]
carne (f) trita	köttfärs (en)	['ɕœtˌfæːʂ]
lingua (f)	tunga (en)	['tuŋa]

uovo (m)	ägg (ett)	['ɛg]
uova (f pl)	ägg (pl)	['ɛg]
albume (m)	äggvita (en)	['ɛgˌviːta]
tuorlo (m)	äggula (en)	['ɛgˌʉːlʲa]

pesce (m)	fisk (en)	['fisk]
frutti (m pl) di mare	fisk och skaldjur	['fisk ɔ 'skalʲjʉːr]
crostacei (m pl)	kräftdjur (pl)	['krɛftˌjuːr]
caviale (m)	kaviar (en)	['kavˌjar]

granchio (m)	krabba (en)	['kraba]
gamberetto (m)	räka (en)	['rɛːka]
ostrica (f)	ostron (ett)	['ʊstrʊn]
aragosta (f)	languster (en)	[lʲaŋ'gustər]
polpo (m)	bläckfisk (en)	['blʲɛkˌfisk]
calamaro (m)	bläckfisk (en)	['blʲɛkˌfisk]

storione (m)	stör (en)	['støːr]
salmone (m)	lax (en)	['lʲaks]
ippoglosso (m)	hälleflundra (en)	['hɛlʲeˌflʉndra]

merluzzo (m)	torsk (en)	['tɔːʂk]
scombro (m)	makrill (en)	['makrilʲ]
tonno (m)	tonfisk (en)	['tʊnˌfisk]
anguilla (f)	ål (en)	['oːlʲ]

trota (f)	öring (en)	['øːriŋ]
sardina (f)	sardin (en)	[sa:'dʲiːn]
luccio (m)	gädda (en)	['jɛda]
aringa (f)	sill (en)	['silʲ]

pane (m)	bröd (ett)	['brøːd]
formaggio (m)	ost (en)	['ʊst]
zucchero (m)	socker (ett)	['sɔkər]
sale (m)	salt (ett)	['salʲt]

riso (m)	ris (ett)	['ris]
pasta (f)	pasta (en), makaroner (pl)	['pasta], [maka'rʊnər]
tagliatelle (f pl)	nudlar (pl)	['nʉːdlʲar]
burro (m)	smör (ett)	['smœːr]

olio (m) vegetale	vegetabilisk olja (en)	[vegeta'bilisk 'ɔlja]
olio (m) di girasole	solrosolja (en)	['sʊlʲrʊs͵ɔlja]
margarina (f)	margarin (ett)	[marga'rin]
olive (f pl)	oliver (pl)	[ʊ'livər]
olio (m) d'oliva	olivolja (en)	[ʊ'liv͵ɔlja]
latte (m)	mjölk (en)	['mjœlʲk]
latte (m) condensato	kondenserad mjölk (en)	[kɔndɛn'serad ͵mjœlʲk]
yogurt (m)	yoghurt (en)	['joːgʉːt]
panna (f) acida	gräddfil,	['grɛdfilʲ],
	syrad grädden (en)	[syrad 'gredən]
panna (f)	grädde (en)	['grɛdə]
maionese (m)	majonnäs (en)	[majɔ'nɛs]
crema (f)	kräm (en)	['krɛm]
cereali (m pl)	gryn (en)	['gryn]
farina (f)	mjöl (ett)	['mjøːlʲ]
cibi (m pl) in scatola	konserv (en)	[kɔn'sɛrv]
fiocchi (m pl) di mais	cornflakes (pl)	['koːɳ͵flɛjks]
miele (m)	honung (en)	['hɔnʉŋ]
marmellata (f)	sylt, marmelad (en)	['sylʲt], [marme'lʲad]
gomma (f) da masticare	tuggummi (ett)	['tug͵gumi]

53. Bevande

acqua (f)	vatten (ett)	['vatən]
acqua (f) potabile	dricksvatten (ett)	['driks͵vatən]
acqua (f) minerale	mineralvatten (ett)	[mine'ralʲ͵vatən]
liscia (non gassata)	icke kolsyrat	['ikə 'kɔlʲ͵syrat]
gassata (agg)	kolsyrat	['kɔlʲ͵syrat]
frizzante (agg)	kolsyrat	['kɔlʲ͵syrat]
ghiaccio (m)	is (en)	['is]
con ghiaccio	med is	[me 'is]
analcolico (agg)	alkoholfri	[alʲkʊ'hɔlʲ͵fri:]
bevanda (f) analcolica	alkoholfri dryck (en)	[alʲkʊ'hɔlʲfri 'drʏk]
bibita (f)	läskedryck (en)	['lɛskə͵drik]
limonata (f)	lemonad (en)	[lʲemɔ'nad]
bevande (f pl) alcoliche	alkoholhaltiga	[alʲkʊ'hɔlʲ͵halʲtiga
	drycker (pl)	'drʏkər]
vino (m)	vin (ett)	['vin]
vino (m) bianco	vitvin (ett)	['vit͵vin]
vino (m) rosso	rödvin (ett)	['rø:d͵vin]
liquore (m)	likör (en)	[li'kø:r]
champagne (m)	champagne (en)	[ʃam'panʲ]

vermouth (m)	vermouth (en)	['vɛrmut]
whisky	whisky (en)	['viski]
vodka (f)	vodka (en)	['vodka]
gin (m)	gin (ett)	['dʒin]
cognac (m)	konjak (en)	['kɔnʲak]
rum (m)	rom (en)	['rɔm]

caffè (m)	kaffe (ett)	['kafə]
caffè (m) nero	svart kaffe (ett)	['sva:t 'kafə]
caffè latte (m)	kaffe med mjölk (ett)	['kafə me mjœlʲk]
cappuccino (m)	cappuccino (en)	['kaputʃinʊ]
caffè (m) solubile	snabbkaffe (ett)	['snab͜kafə]

latte (m)	mjölk (en)	['mjœlʲk]
cocktail (m)	cocktail (en)	['kɔktɛjlʲ]
frullato (m)	milkshake (en)	['milʲkʃɛjk]

succo (m)	juice (en)	['ju:s]
succo (m) di pomodoro	tomatjuice (en)	[tʊ'matju:s]
succo (m) d'arancia	apelsinjuice (en)	[apɛlʲ'sinju:s]
spremuta (f)	nypressad juice (en)	['nʏˌprɛsad 'ju:s]

birra (f)	öl (ett)	['ø:lʲ]
birra (f) chiara	ljust öl (ett)	['jʉ:stˌø:lʲ]
birra (f) scura	mörkt öl (ett)	['mœ:rkt ˌø:lʲ]

tè (m)	te (ett)	['te:]
tè (m) nero	svart te (ett)	['sva:t ˌte:]
tè (m) verde	grönt te (ett)	['grœnt te:]

54. Verdure

| ortaggi (m pl) | grönsaker (pl) | ['grø:nˌsakər] |
| verdura (f) | grönsaker (pl) | ['grø:nˌsakər] |

pomodoro (m)	tomat (en)	[tʊ'mat]
cetriolo (m)	gurka (en)	['gurka]
carota (f)	morot (en)	['mʊˌrʊt]
patata (f)	potatis (en)	[pʊ'tatis]
cipolla (f)	lök (en)	['lʲø:k]
aglio (m)	vitlök (en)	['vitˌlʲø:k]

cavolo (m)	kål (en)	['ko:lʲ]
cavolfiore (m)	blomkål (en)	['blʲʊmˌko:lʲ]
cavoletti (m pl) di Bruxelles	brysselkål (en)	['brʏsɛlʲˌko:lʲ]
broccolo (m)	broccoli (en)	['brɔkɔli]

barbabietola (f)	rödbeta (en)	['rø:dˌbeta]
melanzana (f)	aubergine (en)	[ɔbɛr'ʒin]
zucchina (f)	squash, zucchini (en)	['skvɔ:ɕ], [su'kini]

| zucca (f) | pumpa (en) | ['pumpa] |
| rapa (f) | rova (en) | ['rʊva] |

prezzemolo (m)	persilja (en)	[pɛ'ʂilja]
aneto (m)	dill (en)	['dilʲ]
lattuga (f)	sallad (en)	['salʲad]
sedano (m)	selleri (en)	['sɛlʲeri]
asparago (m)	sparris (en)	['sparis]
spinaci (m pl)	spenat (en)	[spe'nat]

pisello (m)	ärter (pl)	['æ:ʈər]
fave (f pl)	bönor (pl)	['bønʊr]
mais (m)	majs (en)	['majs]
fagiolo (m)	böna (en)	['bøna]

peperone (m)	peppar (en)	['pɛpar]
ravanello (m)	rädisa (en)	['rɛ:disa]
carciofo (m)	kronärtskocka (en)	['krʊnæ:ʈˌskɔka]

55. Frutta. Noci

frutto (m)	frukt (en)	['frʉkt]
mela (f)	äpple (ett)	['ɛplʲe]
pera (f)	päron (ett)	['pæ:rɔn]
limone (m)	citron (en)	[si'trʊn]
arancia (f)	apelsin (en)	[apɛlʲ'sin]
fragola (f)	jordgubbe (en)	['jʉ:dˌgubə]

mandarino (m)	mandarin (en)	[manda'rin]
prugna (f)	plommon (ett)	['plʲʊmɔn]
pesca (f)	persika (en)	['pɛʂika]
albicocca (f)	aprikos (en)	[apri'kʊs]
lampone (m)	hallon (ett)	['halʲɔn]
ananas (m)	ananas (en)	['ananas]

banana (f)	banan (en)	['banan]
anguria (f)	vattenmelon (en)	['vatənˌme'lʲʊn]
uva (f)	druva (en)	['drʉ:va]
amarena (f)	körsbär (ett)	['çø:ʂˌbæ:r]
ciliegia (f)	fågelbär (ett)	['fo:gəlʲˌbæ:r]
melone (m)	melon (en)	[me'lʲʊn]

pompelmo (m)	grapefrukt (en)	['grɛjpˌfrʉkt]
avocado (m)	avokado (en)	[avɔ'kadʊ]
papaia (f)	papaya (en)	[pa'paja]
mango (m)	mango (en)	['maŋgʊ]
melagrana (f)	granatäpple (en)	[gra'natˌɛplʲe]

| ribes (m) rosso | röda vinbär (ett) | ['rø:da 'vinbæ:r] |
| ribes (m) nero | svarta vinbär (ett) | ['sva:ʈa 'vinbæ:r] |

uva (f) spina	krusbär (ett)	['kru:s,bæ:r]
mirtillo (m)	blåbär (ett)	['blʲo:,bæ:r]
mora (f)	björnbär (ett)	['bjø:ɳ,bæ:r]

uvetta (f)	russin (ett)	['rusin]
fico (m)	fikon (ett)	['fikɔn]
dattero (m)	dadel (en)	['dadəlʲ]

arachide (f)	jordnöt (en)	['ju:d̪,nø:t]
mandorla (f)	mandel (en)	['mandəlʲ]
noce (f)	valnöt (en)	['valʲ,nø:t]
nocciola (f)	hasselnöt (en)	['hasəlʲ,nø:t]
noce (f) di cocco	kokosnöt (en)	['kukus,nø:t]
pistacchi (m pl)	pistaschnötter (pl)	['pistaʃ,nœtər]

56. Pane. Dolci

pasticceria (f)	konditorivaror (pl)	[kɔnditu'ri:,varur]
pane (m)	bröd (ett)	['brø:d]
biscotti (m pl)	småkakor (pl)	['smo:kakur]

cioccolato (m)	choklad (en)	[ʃɔk'lʲad]
al cioccolato (agg)	choklad-	[ʃɔk'lʲad-]
caramella (f)	konfekt, karamell (en)	[kɔn'fɛkt], [kara'mɛlʲ]
tortina (f)	kaka, bakelse (en)	['kaka], ['bakəlʲsə]
torta (f)	tårta (en)	['to:ʈa]

| crostata (f) | paj (en) | ['paj] |
| ripieno (m) | fyllning (en) | ['fylʲniŋ] |

marmellata (f)	sylt (en)	['sylʲt]
marmellata (f) di agrumi	marmelad (en)	[marme'lʲad]
wafer (m)	våffle (en)	['vɔflʲe]
gelato (m)	glass (en)	['glʲas]
budino (m)	pudding (en)	['pudiŋ]

57. Spezie

sale (m)	salt (ett)	['salʲt]
salato (agg)	salt	['salʲt]
salare (vt)	att salta	[at 'salʲta]

pepe (m) nero	svartpeppar (en)	['sva:ʈ,pɛpar]
peperoncino (m)	rödpeppar (en)	['rø:d,pɛpar]
senape (f)	senap (en)	['se:nap]
cren (m)	pepparrot (en)	['pɛpa,rut]
condimento (m)	krydda (en)	['krʏda]
spezie (f pl)	krydda (en)	['krʏda]

salsa (f)	**sås (en)**	['soːs]
aceto (m)	**ättika (en)**	['ætika]
anice (m)	**anis (en)**	['anis]
basilico (m)	**basilika (en)**	[ba'silika]
chiodi (m pl) di garofano	**nejlika (en)**	['nɛjlika]
zenzero (m)	**ingefära (en)**	['iŋəˌfæːra]
coriandolo (m)	**koriander (en)**	[kɔri'andər]
cannella (f)	**kanel (en)**	[ka'nelʲ]
sesamo (m)	**sesam (en)**	['sesam]
alloro (m)	**lagerblad (ett)**	['lʲagərˌblʲad]
paprica (f)	**paprika (en)**	['paprika]
cumino (m)	**kummin (en)**	['kumin]
zafferano (m)	**saffran (en)**	['safran]

INFORMAZIONI PERSONALI. FAMIGLIA

T&P Books Publishing

nome (m)	**namn (ett)**	['namn]
cognome (m)	**efternamn (ett)**	['ɛftəˌŋamn]
data (f) di nascita	**födelsedatum (ett)**	['føːdəlˈsəˌdatum]
luogo (m) di nascita	**födelseort (en)**	['føːdəlˈsəˌɔːt]
nazionalità (f)	**nationalitet (en)**	[natɧʊnaliˈtet]
domicilio (m)	**bostadsort (en)**	['bostadsˌɔːt]
paese (m)	**land (ett)**	['lˈand]
professione (f)	**yrke (ett),**	['yrkə],
	profession (en)	[prɔfeˈɧʊn]
sesso (m)	**kön (ett)**	['çøːn]
statura (f)	**höjd (en)**	['hœjd]
peso (m)	**vikt (en)**	['vikt]

madre (f)	**mor (en)**	['mʊr]
padre (m)	**far (en)**	['far]
figlio (m)	**son (en)**	['sɔn]
figlia (f)	**dotter (en)**	['dɔtər]
figlia (f) minore	**yngsta dotter (en)**	['yŋsta 'dɔtər]
figlio (m) minore	**yngste son (en)**	['yŋstə sɔn]
figlia (f) maggiore	**äldsta dotter (en)**	['ɛlˈsta 'dɔtər]
figlio (m) maggiore	**äldste son (en)**	['ɛlˈstə 'sɔn]
fratello (m)	**bror (en)**	['brʊr]
fratello (m) maggiore	**storebror (en)**	['stʊrəˌbrʊr]
fratello (m) minore	**lillebror (en)**	['lilˈeˌbrʊr]
sorella (f)	**syster (en)**	['sʏstər]
sorella (f) maggiore	**storasyster (en)**	['stʊraˌsʏstər]
sorella (f) minore	**lillasyster (en)**	['lilˈaˌsʏstər]
cugino (m)	**kusin (en)**	[kʉˈsiːn]
cugina (f)	**kusin (en)**	[kʉˈsiːn]
mamma (f)	**mamma (en)**	['mama]
papà (m)	**pappa (en)**	['papa]
genitori (m pl)	**föräldrar (pl)**	[førˈɛlˈdrar]
bambino (m)	**barn (ett)**	['baːɳ]
bambini (m pl)	**barn (pl)**	['baːɳ]
nonna (f)	**mormor, farmor (en)**	['mʊrmʊr], ['farmʊr]

nonno (m)	morfar, farfar (en)	['mʊrfar], ['farfar]
nipote (m) (figlio di un figlio)	barnbarn (ett)	['ba:n̩ˌba:n̩]
nipote (f)	barnbarn (ett)	['ba:n̩ˌba:n̩]
nipoti (pl)	barnbarn (pl)	['ba:n̩ˌba:n̩]

zio (m)	farbror, morbror (en)	['farˌbrʊr], ['mʊrˌbrʊr]
zia (f)	faster, moster (en)	['fastər], ['mʊstər]
nipote (m) (figlio di un fratello)	brorson, systerson (en)	['brʊrˌsɔn], ['sʏstəˌsɔn]
nipote (f)	brorsdotter, systerdotter (en)	['brʊːʂˌdɔtər], ['sʏstəˌdɔtər]

suocera (f)	svärmor (en)	['svæːrˌmʊr]
suocero (m)	svärfar (en)	['svæːrˌfar]
genero (m)	svärson (en)	['svæːˌʂɔn]
matrigna (f)	styvmor (en)	['styvˌmʊr]
patrigno (m)	styvfar (en)	['styvˌfar]

neonato (m)	spädbarn (ett)	['spɛːdˌba:n̩]
infante (m)	spädbarn (ett)	['spɛːdˌba:n̩]
bimbo (m), ragazzino (m)	baby, bäbis (en)	['bɛːbi], ['bɛːbis]

moglie (f)	hustru (en)	['hʉstrʉ]
marito (m)	man (en)	['man]
coniuge (m)	make, äkta make (en)	['makə], ['ɛkta ˌmakə]
coniuge (f)	hustru (en)	['hʉstrʉ]

sposato (agg)	gift	['jift]
sposata (agg)	gift	['jift]
celibe (agg)	ogift	[ʊ:'jift]
scapolo (m)	ungkarl (en)	['ʊŋˌkar]
divorziato (agg)	frånskild	['froːnˌɧilʲd]
vedova (f)	änka (en)	['ɛŋka]
vedovo (m)	änkling (en)	['ɛŋkliŋ]

parente (m)	släkting (en)	['slʲɛktiŋ]
parente (m) stretto	nära släkting (en)	['næːra 'slʲɛktiŋ]
parente (m) lontano	fjärran släkting (en)	['fjæːran 'slʲɛktiŋ]
parenti (m pl)	släktingar (pl)	['slʲɛktiŋar]

orfano (m), orfana (f)	föräldralöst barn (ett)	[før'ɛlʲdralʲœst 'ba:n̩]
tutore (m)	förmyndare (en)	['førˌmʏndarə]
adottare (~ un bambino)	att adoptera	[at adɔp'tera]
adottare (~ una bambina)	att adoptera	[at adɔp'tera]

60. Amici. Colleghi

amico (m)	vän (en)	['vɛ:n]
amica (f)	väninna (en)	[vɛ:'nina]
amicizia (f)	vänskap (en)	['vɛnˌskap]

essere amici	**att vara vänner**	[at 'vara 'vɛnər]
amico (m) (inform.)	**vän (en)**	['vɛ:n]
amica (f) (inform.)	**väninna (en)**	[vɛ:'nina]
partner (m)	**partner (en)**	['pa:ʈnər]
capo (m)	**chef (en)**	['ɧef]
capo (m), superiore (m)	**överordnad (en)**	['ø:vər͵ɔ:ɖnat]
proprietario (m)	**ägare (en)**	['ɛ:garə]
subordinato (m)	**underordnad (en)**	['undər͵ɔ:ɖnat]
collega (m)	**kollega (en)**	[kɔ'lʲe:ga]
conoscente (m)	**bekant (en)**	[be'kant]
compagno (m) di viaggio	**resekamrat (en)**	['resə͵kam'rat]
compagno (m) di classe	**klasskamrat (en)**	['klʲas͵kam'rat]
vicino (m)	**granne (en)**	['granə]
vicina (f)	**granne (en)**	['granə]
vicini (m pl)	**grannar (pl)**	['granar]

T&P BOOKS

CORPO UMANO. MEDICINALI

T&P Books Publishing

61. Testa

testa (f)	huvud (ett)	['hʉːvʉd]
viso (m)	ansikte (ett)	['ansiktə]
naso (m)	näsa (en)	['nɛːsa]
bocca (f)	mun (en)	['muːn]
occhio (m)	öga (ett)	['øːga]
occhi (m pl)	ögon (pl)	['øːgɔn]
pupilla (f)	pupill (en)	[pʉ'pilʲ]
sopracciglio (m)	ögonbryn (ett)	['øːgɔn,bryn]
ciglio (m)	ögonfrans (en)	['øːgɔn,frans]
palpebra (f)	ögonlock (ett)	['øːgɔn,lʲɔk]
lingua (f)	tunga (en)	['tuŋa]
dente (m)	tand (en)	['tand]
labbra (f pl)	läppar (pl)	['lʲɛpar]
zigomi (m pl)	kindben (pl)	['ɕind,beːn]
gengiva (f)	tandkött (ett)	['tand,ɕœt]
palato (m)	gom (en)	['gʊm]
narici (f pl)	näsborrar (pl)	['nɛːs,bɔrar]
mento (m)	haka (en)	['haka]
mascella (f)	käke (en)	['ɕɛːkə]
guancia (f)	kind (en)	['ɕind]
fronte (f)	panna (en)	['pana]
tempia (f)	tinning (en)	['tiniŋ]
orecchio (m)	öra (ett)	['øːra]
nuca (f)	nacke (en)	['nakə]
collo (m)	hals (en)	['halʲs]
gola (f)	strupe, hals (en)	['strʉpə], ['halʲs]
capelli (m pl)	hår (pl)	['hoːr]
pettinatura (f)	frisyr (en)	[fri'syr]
taglio (m)	klippning (en)	['klipniŋ]
parrucca (f)	peruk (en)	[pe'rʉːk]
baffi (m pl)	mustasch (en)	[mʉ'staːʃ]
barba (f)	skägg (ett)	['ʃɛg]
portare (~ la barba, ecc.)	att ha	[at 'ha]
treccia (f)	fläta (en)	['flʲɛːta]
basette (f pl)	polisonger (pl)	[poli'sɔŋər]
rosso (agg)	rödhårig	['røːd,hoːrig]
brizzolato (agg)	grå	['groː]

calvo (agg)	skallig	['skalig]
calvizie (f)	flint (en)	['flint]

coda (f) di cavallo	hästsvans (en)	['hɛstˌsvans]
frangetta (f)	lugg, pannlugg (en)	[lʉg], ['panˌlʉg]

62. Corpo umano

mano (f)	hand (en)	['hand]
braccio (m)	arm (en)	['arm]

dito (m)	finger (ett)	['fiŋər]
dito (m) del piede	tå (en)	['to:]
pollice (m)	tumme (en)	['tumə]
mignolo (m)	lillfinger (ett)	['lilʲˌfiŋər]
unghia (f)	nagel (en)	['nagəlʲ]

pugno (m)	knytnäve (en)	['knʏtˌnɛ:və]
palmo (m)	handflata (en)	['handˌflʲata]
polso (m)	handled (en)	['handˌlʲed]
avambraccio (m)	underarm (en)	['underˌarm]
gomito (m)	armbåge (en)	['armˌbo:gə]
spalla (f)	skuldra (en)	['skʉlʲdra]

gamba (f)	ben (ett)	['be:n]
pianta (f) del piede	fot (en)	['fʊt]
ginocchio (m)	knä (ett)	['knɛ:]
polpaccio (m)	vad (ett)	['vad]

anca (f)	höft (en)	['hœft]
tallone (m)	häl (en)	['hɛ:lʲ]

corpo (m)	kropp (en)	['krɔp]
pancia (f)	mage (en)	['magə]
petto (m)	bröst (ett)	['brœst]
seno (m)	bröst (ett)	['brœst]
fianco (m)	sida (en)	['sida]
schiena (f)	rygg (en)	['rʏg]

zona (f) lombare	ländrygg (en)	['lʲɛndˌrʏg]
vita (f)	midja (en)	['midja]

ombelico (m)	navel (en)	['navəlʲ]
natiche (f pl)	stjärtar, skinkor (pl)	['ɧæ:tar], ['ɧiŋkʊr]
sedere (m)	bak (en)	['bak]

neo (m)	leverfläck (ett)	['lʲevərˌflɛk]
voglia (f) (~ di fragola)	födelsemärke (ett)	['fø:dəlʲsəˌmæ:rkə]
tatuaggio (m)	tatuering (en)	[tatʉeriŋ]
cicatrice (f)	ärr (ett)	['ær]

153

63. Malattie

malattia (f)	sjukdom (en)	['ɧʉːkˌdʊm]
essere malato	att vara sjuk	[at 'vara 'ɧʉːk]
salute (f)	hälsa, sundhet (en)	['hɛlʲsa], ['sundˌhet]

raffreddore (m)	snuva (en)	['snʉːva]
tonsillite (f)	halsfluss, angina (en)	['halʲsˌflʉs], [aŋ'gina]
raffreddore (m)	förkylning (en)	[før'ɕylʲniŋ]
raffreddarsi (vr)	att bli förkyld	[at bli før'ɕylʲd]

bronchite (f)	bronkit (en)	[brɔŋ'kit]
polmonite (f)	lunginflammation (en)	['lʉŋˌinflʲama'ɧʊn]
influenza (f)	influensa (en)	[inflʉ'ɛnsa]

miope (agg)	närsynt	['næːˌsʏnt]
presbite (agg)	långsynt	['lʲɔŋˌsʏnt]
strabismo (m)	skelögdhet (en)	['ɧelʲøgdˌhet]
strabico (agg)	skelögd	['ɧelʲˌøgd]
cateratta (f)	grå starr (en)	['gro: 'star]
glaucoma (m)	grön starr (en)	['grø:n 'star]

ictus (m) cerebrale	stroke (en), hjärnslag (ett)	['stroːk], ['jæːnˌslʲag]
attacco (m) di cuore	infarkt (en)	[in'farkt]
infarto (m) miocardico	hjärtinfarkt (en)	['jæːˌt in'farkt]
paralisi (f)	förlamning (en)	[fœːˈlʲamniŋ]
paralizzare (vt)	att förlama	[at fœːˈlʲama]

allergia (f)	allergi (en)	[alʲer'gi]
asma (f)	astma (en)	['astma]
diabete (m)	diabetes (en)	[dia'betəs]

| mal (m) di denti | tandvärk (en) | ['tandˌvæːrk] |
| carie (f) | karies (en) | ['karies] |

diarrea (f)	diarré (en)	[dia're:]
stitichezza (f)	förstoppning (en)	[fœːˈstɔpniŋ]
disturbo (m) gastrico	magbesvär (ett)	['magˌbe'svɛːr]
intossicazione (f) alimentare	matförgiftning (en)	['matˌførʲjiftniŋ]
intossicarsi (vr)	att få matförgiftning	[at fo: 'matˌførʲjiftniŋ]

artrite (f)	artrit (en)	[a'ʈrit]
rachitide (f)	rakitis (en)	[ra'kitis]
reumatismo (m)	reumatism (en)	[revma'tism]
aterosclerosi (f)	åderförkalkning (en)	['oːdɛrførˌkalʲkniŋ]

gastrite (f)	gastrit (en)	[ga'strit]
appendicite (f)	appendicit (en)	[apɛndi'sit]
colecistite (f)	cholecystit (en)	[holəsys'tit]

ulcera (f)	magsår (ett)	['mag͵soːr]
morbillo (m)	mässling (en)	['mɛs͵liŋ]
rosolia (f)	röda hund (en)	['røːda 'hund]
itterizia (f)	gulsot (en)	['gʉːlʲ͵sʊt]
epatite (f)	hepatit (en)	[hepa'tit]

schizofrenia (f)	schizofreni (en)	[skitsɔfre'niː]
rabbia (f)	rabies (en)	['rabies]
nevrosi (f)	neuros (en)	[nev'rɔs]
commozione (f) cerebrale	hjärnskakning (en)	['jæːn͵skakniŋ]

cancro (m)	cancer (en)	['kansər]
sclerosi (f)	skleros (en)	[sklʲe'rɔs]
sclerosi (f) multipla	multipel skleros (en)	[mʉlʲ'tipəlʲ sklʲe'rɔs]

alcolismo (m)	alkoholism (en)	[alʲkʊhɔ'lizm]
alcolizzato (m)	alkoholist (en)	[alʲkʊhɔ'list]
sifilide (f)	syfilis (en)	['syfilis]
AIDS (m)	AIDS	['ɛjds]

tumore (m)	tumör (en)	[tʉ'møːr]
maligno (agg)	elakartad	['ɛlʲak͵aːtad]
benigno (agg)	godartad	['gʊd͵aːtad]

febbre (f)	feber (en)	['febər]
malaria (f)	malaria (en)	[ma'lʲaria]
cancrena (f)	kallbrand (en)	['kalʲ͵brand]
mal (m) di mare	sjösjuka (en)	['ɧøː͵ɧʉːka]
epilessia (f)	epilepsi (en)	[epilʲep'siː]

epidemia (f)	epidemi (en)	[ɛpide'miː]
tifo (m)	tyfus (en)	['tyfʉs]
tubercolosi (f)	tuberkulos (en)	[tʉbɛrkʉ'lʲɔs]
colera (m)	kolera (en)	['kʊlʲera]
peste (f)	pest (en)	['pɛst]

64. Sintomi. Cure. Parte 1

sintomo (m)	symptom (ett)	[sʏmp'tɔm]
temperatura (f)	temperatur (en)	[tɛmpəra'tʉːr]
febbre (f) alta	hög temperatur (en)	['høːg tɛmpəra'tʉːr]
polso (m)	puls (en)	['pulʲs]

capogiro (m)	yrsel, svindel (en)	['y͵ʂəlʲ], ['svindəlʲ]
caldo (agg)	varm	['varm]
brivido (m)	rysning (en)	['rʏsniŋ]
pallido (un viso ~)	blek	['blʲek]

tosse (f)	hosta (en)	['hʊsta]
tossire (vi)	att hosta	[at 'hʊsta]

starnutire (vi)	**att nysa**	[at 'nysa]
svenimento (m)	**svimning (en)**	['svimniŋ]
svenire (vi)	**att svimma**	[at 'svima]

livido (m)	**blåmärke (ett)**	['blˡoːˌmæːrkə]
bernoccolo (m)	**bula (en)**	['bʉːlˡa]
farsi un livido	**att slå sig**	[at 'slˡoː sɛj]
contusione (f)	**blåmärke (ett)**	['blˡoːˌmæːrkə]
farsi male	**att slå sig**	[at 'slˡoː sɛj]

zoppicare (vi)	**att halta**	[at 'halˡta]
slogatura (f)	**vrickning (en)**	['vrikniŋ]
slogarsi (vr)	**att förvrida**	[at før'vrida]
frattura (f)	**brott (ett), fraktur (en)**	['brɔt], [frak'tʉːr]
fratturarsi (vr)	**att få en fraktur**	[at foː en frak'tʉːr]

taglio (m)	**skärsår (ett)**	['ɧæːˌsoːr]
tagliarsi (vr)	**att skära sig**	[at 'ɧæːra sɛj]
emorragia (f)	**blödning (en)**	['blˡœdniŋ]

scottatura (f)	**brännsår (ett)**	['brɛnˌsoːr]
scottarsi (vr)	**att bränna sig**	[at 'brɛna sɛj]

pungere (vt)	**att sticka**	[at 'stika]
pungersi (vr)	**att sticka sig**	[at 'stika sɛj]
ferire (vt)	**att skada**	[at 'skada]
ferita (f)	**skada (en)**	['skada]
lesione (f)	**sår (ett)**	['soːr]
trauma (m)	**trauma (en)**	['travma]

delirare (vi)	**att tala i feberyra**	[at 'talˡa i 'febəryra]
tartagliare (vi)	**att stamma**	[at 'stama]
colpo (m) di sole	**solsting (ett)**	['sʉlˡˌstiŋ]

65. Sintomi. Cure. Parte 2

dolore (m), male (m)	**värk, smärta (en)**	['væːrk], ['smɛʈa]
scheggia (f)	**sticka (en)**	['stika]

sudore (m)	**svett (en)**	['svɛt]
sudare (vi)	**att svettas**	[at 'svɛtas]
vomito (m)	**kräkning (en)**	['krɛkniŋ]
convulsioni (f pl)	**kramper (pl)**	['krampər]

incinta (agg)	**gravid**	[gra'vid]
nascere (vi)	**att födas**	[at 'føːdas]
parto (m)	**förlossning (en)**	[fœː'lˡɔsniŋ]
essere in travaglio di parto	**att föda**	[at 'føːda]
aborto (m)	**abort (en)**	[a'bɔːt]
respirazione (f)	**andning (en)**	['andniŋ]

inspirazione (f)	inandning (en)	['in,andniŋ]
espirazione (f)	utandning (en)	['ʉt,andniŋ]
espirare (vi)	att andas ut	[at 'andas ʉt]
inspirare (vi)	att andas in	[at 'andas in]

invalido (m)	handikappad person (en)	['handi,kapad pɛ'ʂʊn]
storpio (m)	krympling (en)	['krʏmpliŋ]
drogato (m)	narkoman (en)	[narkʊ'man]

sordo (agg)	döv	['dø:v]
muto (agg)	stum	['stu:m]
sordomuto (agg)	dövstum	['dø:v,stu:m]

matto (agg)	mentalsjuk, galen	['mental'ɧʉ:k], ['galʲen]
matto (m)	dåre, galning (en)	['do:rə], ['galʲniŋ]
matta (f)	dåre, galning (en)	['do:rə], ['galʲniŋ]
impazzire (vi)	att bli sinnessjuk	[at bli 'sinɛs,ɧʉ:k]

gene (m)	gen (en)	['jen]
immunità (f)	immunitet (en)	[imʉni'te:t]
ereditario (agg)	ärftlig	['æ:rftlig]
innato (agg)	medfödd	['med,fœd]

virus (m)	virus (ett)	['vi:rʉs]
microbo (m)	mikrob (en)	[mi'krɔb]
batterio (m)	bakterie (en)	[bak'teriə]
infezione (f)	infektion (en)	[infɛk'ɧʊn]

66. Sintomi. Cure. Parte 3

| ospedale (m) | sjukhus (ett) | ['ɧʉ:k,hʉs] |
| paziente (m) | patient (en) | [pasi'ent] |

diagnosi (f)	diagnos (en)	[dia'gnɔs]
cura (f)	kur (en)	['kʉ:r]
trattamento (m)	behandling (en)	[be'handliŋ]
curarsi (vr)	att bli behandlad	[at bli be'handlʲad]
curare (vt)	att behandla	[at be'handlʲa]
accudire (un malato)	att sköta	[at 'ɧø:ta]
assistenza (f)	vård (en)	['vo:ɖ]

operazione (f)	operation (en)	[ɔpera'ɧʊn]
bendare (vt)	att förbinda	[at før'binda]
fasciatura (f)	förbindning (en)	[før'bindniŋ]

vaccinazione (f)	vaccination (en)	[vaksina'ɧʊn]
vaccinare (vt)	att vaksinera	[at vaksi'nera]
iniezione (f)	injektion (en)	[injɛk'ɧʊn]
fare una puntura	att ge en spruta	[at je: en 'sprʉta]
attacco (m) (~ epilettico)	anfall (ett), attack (en)	['anfalʲ], [a'tak]

amputazione (f)	amputation (en)	[ampɵta'fjʊn]
amputare (vt)	att amputera	[at ampɵ'tera]
coma (m)	koma (ett)	['kɔma]
essere in coma	att ligga i koma	[at 'liga i 'kɔma]
rianimazione (f)	intensivavdelning (en)	[intɛn'siv‚av'dɛlʲniŋ]
guarire (vi)	att återhämta sig	[at 'oːter‚hɛmta sɛj]
stato (f) (del paziente)	tillstånd (ett)	['tilʲ‚stɔnd]
conoscenza (f)	medvetande (ett)	['med‚vetandə]
memoria (f)	minne (ett)	['minə]
estrarre (~ un dente)	att dra ut	[at 'dra ɵt]
otturazione (f)	plomb (en)	['plʲɔmb]
otturare (vt)	att plombera	[at plʲom'bera]
ipnosi (f)	hypnos (en)	[hʏp'nɔs]
ipnotizzare (vt)	att hypnotisera	[at 'hʏpnoti‚sera]

67. Medicinali. Farmaci. Accessori

medicina (f)	medicin (en)	[medi'sin]
rimedio (m)	medel (ett)	['medəlʲ]
prescrivere (vt)	att ordinera	[at oːɖi'nera]
prescrizione (f)	recept (ett)	[re'sɛpt]
compressa (f)	tablett (en)	[tab'lʲet]
unguento (m)	salva (en)	['salʲva]
fiala (f)	ampull (en)	[am'pulʲ]
pozione (f)	mixtur (en)	[miks'tɵːr]
sciroppo (m)	sirap (en)	['sirap]
pillola (f)	piller (ett)	['pilʲer]
polverina (f)	pulver (ett)	['pulʲvər]
benda (f)	gasbinda (en)	['gas‚binda]
ovatta (f)	vadd (en)	['vad]
iodio (m)	jod (en)	['jʊd]
cerotto (m)	plåster (ett)	['plʲɔstər]
contagocce (m)	pipett (en)	[pi'pɛt]
termometro (m)	termometer (en)	[tɛrmʊ'metər]
siringa (f)	spruta (en)	['sprɵta]
sedia (f) a rotelle	rullstol (en)	['rɵlʲ‚stʊlʲ]
stampelle (f pl)	kryckor (pl)	['krʏkʊr]
analgesico (m)	smärtstillande medel (ett)	['smæːt̪‚stilʲande 'medəlʲ]
lassativo (m)	laxermedel (ett)	['lʲaksər 'medəlʲ]
alcol (m)	sprit (en)	['sprit]
erba (f) officinale	läkeväxter (pl)	['lʲɛkə‚vɛkstər]
d'erbe (infuso ~)	ört-	['øːt-]

APPARTAMENTO

T&P Books Publishing

68. Appartamento

appartamento (m)	lägenhet (en)	['lʲe:gənˌhet]
camera (f), stanza (f)	rum (ett)	['ru:m]
camera (f) da letto	sovrum (ett)	['sɔvˌrum]
sala (f) da pranzo	matsal (en)	['matsalʲ]
salotto (m)	vardagsrum (ett)	['va:ɖasˌrum]
studio (m)	arbetsrum (ett)	['arbetsˌrum]

ingresso (m)	entréhall (en)	[ɛntre:halʲ]
bagno (m)	badrum (ett)	['badˌru:m]
gabinetto (m)	toalett (en)	[tʊa'lʲet]

soffitto (m)	tak (ett)	['tak]
pavimento (m)	golv (ett)	['gɔlʲv]
angolo (m)	hörn (ett)	['hø:ŋ]

69. Arredamento. Interno

mobili (m pl)	möbel (en)	['mø:bəlʲ]
tavolo (m)	bord (ett)	['bʊ:ɖ]
sedia (f)	stol (en)	['stʊlʲ]
letto (m)	säng (en)	['sɛŋ]
divano (m)	soffa (en)	['sɔfa]
poltrona (f)	fåtölj, länstol (en)	[fo:'tœlj], ['lɛnˌstʊlʲ]

libreria (f)	bokhylla (en)	['bʊkˌhylʲa]
ripiano (m)	hylla (en)	['hylʲa]

armadio (m)	garderob (en)	[ga:də'rɔ:b]
attaccapanni (m) da parete	knagg (en)	['knag]
appendiabiti (m) da terra	klädhängare (en)	['klʲɛdˌhɛŋarə]

comò (m)	byrå (en)	['byro:]
tavolino (m) da salotto	soffbord (ett)	['sɔfˌbʊ:ɖ]

specchio (m)	spegel (en)	['spegəlʲ]
tappeto (m)	matta (en)	['mata]
tappetino (m)	liten matta (en)	['litən 'mata]

camino (m)	kamin (en), eldstad (ett)	[ka'min], ['ɛlʲdˌstad]
candela (f)	ljus (ett)	['jʉ:s]
candeliere (m)	ljusstake (en)	['jʉ:sˌstakə]
tende (f pl)	gardiner (pl)	[ga:'ɖinər]

| carta (f) da parati | tapet (en) | [taˈpet] |
| tende (f pl) alla veneziana | persienn (en) | [pɛˈʂjen] |

lampada (f) da tavolo	bordslampa (en)	[ˈbʊːdsˌlʲampa]
lampada (f) da parete	vägglampa (en)	[ˈvɛgˌlʲampa]
lampada (f) a stelo	golvlampa (en)	[ˈgɔlʲvˌlʲampa]
lampadario (m)	ljuskrona (en)	[ˈjʉːsˌkrʊna]

gamba (f)	ben (ett)	[ˈbeːn]
bracciolo (m)	armstöd (ett)	[ˈarmˌstøːd]
spalliera (f)	rygg (en)	[ˈrʏg]
cassetto (m)	låda (en)	[ˈlʲoːda]

70. Biancheria da letto

biancheria (f) da letto	sängkläder (pl)	[ˈsɛŋˌklʲɛːdər]
cuscino (m)	kudde (en)	[ˈkudə]
federa (f)	örngott (ett)	[ˈøːnˌgɔt]
coperta (f)	duntäcke (ett)	[ˈdʉːnˌtɛkə]
lenzuolo (m)	lakan (ett)	[ˈlʲakan]
copriletto (m)	överkast (ett)	[ˈøːvəˌkast]

71. Cucina

cucina (f)	kök (ett)	[ˈɕøːk]
gas (m)	gas (en)	[ˈgas]
fornello (m) a gas	gasspis (en)	[ˈgasˌspis]
fornello (m) elettrico	elektrisk spis (en)	[ɛˈlʲektrisk ˌspis]
forno (m)	bakugn (en)	[ˈbakˌugn]
forno (m) a microonde	mikrovågsugn (en)	[ˈmikrʊvɔgsˌugn]

frigorifero (m)	kylskåp (ett)	[ˈɕylʲˌskoːp]
congelatore (m)	frys (en)	[ˈfrys]
lavastoviglie (f)	diskmaskin (en)	[ˈdiskˌmaˈfjiːn]

tritacarne (m)	köttkvarn (en)	[ˈɕœtˌkvaːn]
spremifrutta (m)	juicepress (en)	[ˈjuːsˌprɛs]
tostapane (m)	brödrost (en)	[ˈbrøːdˌrost]
mixer (m)	mixer (en)	[ˈmiksər]

macchina (f) da caffè	kaffebryggare (en)	[ˈkafəˌbrʏgarə]
caffettiera (f)	kaffekanna (en)	[ˈkafəˌkana]
macinacaffè (m)	kaffekvarn (en)	[ˈkafəˌkvaːn]

bollitore (m)	tekittel (en)	[ˈteˌɕitəlʲ]
teiera (f)	tekanna (en)	[ˈteˌkana]
coperchio (m)	lock (ett)	[ˈlʲɔk]
colino (m) da tè	tesil (en)	[ˈteˌsilʲ]

cucchiaio (m)	sked (en)	['ʃed]
cucchiaino (m) da tè	tesked (en)	['te͵ʃed]
cucchiaio (m)	matsked (en)	['mat͵ʃed]
forchetta (f)	gaffel (en)	['gafəlʲ]
coltello (m)	kniv (en)	['kniv]

stoviglie (f pl)	servis (en)	[sɛr'vis]
piatto (m)	tallrik (en)	['talʲrik]
piattino (m)	tefat (ett)	['te͵fat]

cicchetto (m)	shotglas (ett)	['ʃot͵glʲas]
bicchiere (m) (~ d'acqua)	glas (ett)	['glʲas]
tazzina (f)	kopp (en)	['kop]

zuccheriera (f)	sockerskål (en)	['sɔkə:͵ʃko:lʲ]
saliera (f)	saltskål (en)	['salʲt͵ʃko:lʲ]
pepiera (f)	pepparskål (en)	['pɛpa͵ʃko:lʲ]
burriera (f)	smörfat (en)	['smœr͵fat]

pentola (f)	kastrull, gryta (en)	[ka'strulʲ], ['gryta]
padella (f)	stekpanna (en)	['stek͵pana]
mestolo (m)	slev (en)	['slʲev]
colapasta (m)	durkslag (ett)	['durk͵slʲag]
vassoio (m)	bricka (en)	['brika]

bottiglia (f)	flaska (en)	['flʲaska]
barattolo (m) di vetro	glasburk (en)	['glʲas͵burk]
latta, lattina (f)	burk (en)	['burk]

apribottiglie (m)	flasköppnare (en)	['flʲask͵øpnərə]
apriscatole (m)	burköppnare (en)	['burk͵øpnərə]
cavatappi (m)	korkskruv (en)	['kɔrk͵skrɯ:v]
filtro (m)	filter (ett)	['filʲtər]
filtrare (vt)	att filtrera	[at filʲ'trera]

| spazzatura (f) | sopor, avfall (ett) | ['supʊr], ['avfalʲ] |
| pattumiera (f) | sophink (en) | ['sʊp͵hiŋk] |

72. Bagno

bagno (m)	badrum (ett)	['bad͵rɯ:m]
acqua (f)	vatten (ett)	['vatən]
rubinetto (m)	kran (en)	['kran]
acqua (f) calda	varmvatten (ett)	['varm͵vatən]
acqua (f) fredda	kallvatten (ett)	['kalʲ͵vatən]

dentifricio (m)	tandkräm (en)	['tand͵krɛm]
lavarsi i denti	att borsta tänderna	[at 'bɔ:ʂta 'tɛndɛ:ɳa]
spazzolino (m) da denti	tandborste (en)	['tand͵bɔ:ʂtə]
rasarsi (vr)	att raka sig	[at 'raka sɛj]

| schiuma (f) da barba | raklödder (ett) | ['rak‚lʲødər] |
| rasoio (m) | hyvel (en) | ['hyvəlʲ] |

lavare (vt)	att tvätta	[at 'tvæta]
fare un bagno	att tvätta sig	[at 'tvæta sɛj]
doccia (f)	dusch (en)	['duʃ]
fare una doccia	att duscha	[at 'duʃa]

vasca (f) da bagno	badkar (ett)	['bad‚kar]
water (m)	toalettstol (en)	[tʊa'lʲet‚stʊlʲ]
lavandino (m)	handfat (ett)	['hand‚fat]

| sapone (m) | tvål (en) | ['tvo:lʲ] |
| porta (m) sapone | tvålskål (en) | ['tvo:lʲ‚sko:lʲ] |

spugna (f)	svamp (en)	['svamp]
shampoo (m)	schampo (ett)	['ʃam‚pʊ]
asciugamano (m)	handduk (en)	['hand‚dʉ:k]
accappatoio (m)	morgonrock (en)	['morgon‚rok]

bucato (m)	tvätt (en)	['tvæt]
lavatrice (f)	tvättmaskin (en)	['tvæt‚ma'ʃi:n]
fare il bucato	att tvätta kläder	[at 'tvæta 'klʲɛ:dər]
detersivo (m) per il bucato	tvättmedel (ett)	['tvæt‚medəlʲ]

73. Elettrodomestici

televisore (m)	teve (en)	['teve]
registratore (m) a nastro	bandspelare (en)	['band‚spelʲarə]
videoregistratore (m)	video (en)	['videʊ]
radio (f)	radio (en)	['radiʊ]
lettore (m)	spelare (en)	['spelʲarə]

videoproiettore (m)	videoprojektor (en)	['videʊ prʊ'jɛktʊr]
home cinema (m)	hemmabio (en)	['hɛma‚bi:ʊ]
lettore (m) DVD	DVD spelare (en)	[deve'de: ‚spelʲarə]
amplificatore (m)	förstärkare (en)	[fœ:'ʂtæ:karə]
console (f) video giochi	spelkonsol (en)	['spelʲ kon'sɔlʲ]

videocamera (f)	videokamera (en)	['videʊ‚kamera]
macchina (f) fotografica	kamera (en)	['kamera]
fotocamera (f) digitale	digitalkamera (en)	[digi'talʲ ‚kamera]

aspirapolvere (m)	dammsugare (en)	['dam‚sʉgarə]
ferro (m) da stiro	strykjärn (ett)	['stryk‚jæ:n]
asse (f) da stiro	strykbräda (en)	['stryk‚brɛ:da]

telefono (m)	telefon (en)	[telʲe'fon]
telefonino (m)	mobiltelefon (en)	[mo'bilʲ telʲe'fon]
macchina (f) da scrivere	skrivmaskin (en)	['skriv‚ma'ʃi:n]

macchina (f) da cucire	**symaskin (en)**	['sy‚ma'ɧiːn]
microfono (m)	**mikrofon (en)**	[mikrʊ'fɔn]
cuffia (f)	**hörlurar (pl)**	['hœːˌlʉːrar]
telecomando (m)	**fjärrkontroll (en)**	['fjæːrˌkɔn'trolʲ]
CD (m)	**cd-skiva (en)**	['sede ˌɧiva]
cassetta (f)	**kassett (en)**	[ka'sɛt]
disco (m) (vinile)	**skiva (en)**	['ɧiva]

LA TERRA. TEMPO

T&P Books Publishing

cosmo (m)	**rymden, kosmos (ett)**	[rʌmden], ['kɔsmɔs]
cosmico, spaziale (agg)	**rymd-**	['rʌmd-]
spazio (m) cosmico	**yttre rymd (en)**	['ytrə ˌrʌmd]
mondo (m)	**värld (en)**	['væːɖ]
universo (m)	**universum (ett)**	[uni'vɛːʂum]
galassia (f)	**galax (en)**	[ga'lʲaks]
stella (f)	**stjärna (en)**	['ɧæːɳa]
costellazione (f)	**stjärnbild (en)**	['ɧæːɳˌbilʲd]
pianeta (m)	**planet (en)**	[plʲa'net]
satellite (m)	**satellit (en)**	[satɛ'liːt]
meteorite (m)	**meteorit (en)**	[meteʊ'rit]
cometa (f)	**komet (en)**	[kʊ'met]
asteroide (m)	**asteroid (en)**	[asterʊ'id]
orbita (f)	**bana (en)**	['bana]
ruotare (vi)	**att rotera**	[at rʊ'tera]
atmosfera (f)	**atmosfär (en)**	[atmʊ'sfæːr]
il Sole	**Solen**	['sʊlʲən]
sistema (m) solare	**solsystem (ett)**	['sʊlʲ ˌsʏ'stem]
eclisse (f) solare	**solförmörkelse (en)**	['sʊlʲfør'mœːrkəlʲsə]
la Terra	**Jorden**	['juːɖən]
la Luna	**Månen**	['moːnən]
Marte (m)	**Mars**	['maːʂ]
Venere (f)	**Venus**	['veːnus]
Giove (m)	**Jupiter**	['jupitər]
Saturno (m)	**Saturnus**	[sa'tuːɳus]
Mercurio (m)	**Merkurius**	[mɛr'kʉrius]
Urano (m)	**Uranus**	[ʉ'ranus]
Nettuno (m)	**Neptunus**	[nep'tʉnus]
Plutone (m)	**Pluto**	['plʉtʊ]
Via (f) Lattea	**Vintergatan**	['vintəˌgatan]
Orsa (f) Maggiore	**Stora bjornen**	['stʊra 'bjuːɳən]
Stella (f) Polare	**Polstjärnan**	['pʊlʲˌɧæːɳan]
marziano (m)	**marsian (en)**	[maːʂi'an]
extraterrestre (m)	**utomjording (en)**	['ʉtomˌjuːɖisk]

| alieno (m) | rymdväsen (ett) | ['rʏmd‚vɛsən] |
| disco (m) volante | flygande tefat (ett) | ['flʲygandə 'tefat] |

nave (f) spaziale	rymdskepp (ett)	['rʏmd‚ɧɛp]
stazione (f) spaziale	rymdstation (en)	['rʏmd sta'ɧʊn]
lancio (m)	start (en)	['staːʈ]

motore (m)	motor (en)	['mʊtʊr]
ugello (m)	dysa (en)	['dysa]
combustibile (m)	bränsle (ett)	['brɛnslʲe]

cabina (f) di pilotaggio	cockpit, flygdäck (en)	['kɔkpit], ['flʏg‚dɛk]
antenna (f)	antenn (en)	[an'tɛn]
oblò (m)	fönster (ett)	['fœnstər]
batteria (f) solare	solbatteri (ett)	['sʊlʲ‚batɛ'riː]
scafandro (m)	rymddräkt (en)	['rʏmd‚drɛkt]

| imponderabilità (f) | tyngdlöshet (en) | ['tʏŋdlʲøs‚het] |
| ossigeno (m) | syre, oxygen (ett) | ['syrə], ['oksygən] |

| aggancio (m) | dockning (en) | ['dɔkniŋ] |
| agganciarsi (vr) | att docka | [at 'dɔka] |

osservatorio (m)	observatorium (ett)	[ɔbsɛrva'tʊrium]
telescopio (m)	teleskop (ett)	[telʲe'skɔp]
osservare (vt)	att observera	[at ɔbsɛr'vera]
esplorare (vt)	att utforska	[at 'ʉt‚fɔːʂka]

75. La Terra

la Terra	Jorden	['jʊːden]
globo (m) terrestre	jordklot (ett)	['jʊːd‚klʲʊt]
pianeta (m)	planet (en)	[plʲa'net]

atmosfera (f)	atmosfär (en)	[atmʊ'sfæːr]
geografia (f)	geografi (en)	[jeʊgra'fiː]
natura (f)	natur (en)	[na'tʉːr]

mappamondo (m)	glob (en)	['glʲʊb]
carta (f) geografica	karta (en)	['kaːta]
atlante (m)	atlas (en)	['atlʲas]

Europa (f)	Europa	[eu'rʊpa]
Asia (f)	Asien	['asiən]
Africa (f)	Afrika	['afrika]
Australia (f)	Australien	[au'straliən]

America (f)	Amerika	[a'merika]
America (f) del Nord	Nordamerika	['nʊːd a'merika]
America (f) del Sud	Sydamerika	['syd a'merika]

Antartide (f)	**Antarktis**	[an'tarktis]
Artico (m)	**Arktis**	['arktis]

76. Punti cardinali

nord (m)	**norr**	['nɔr]
a nord	**norrut**	['nɔrʉt]
al nord	**i norr**	[i 'nɔr]
del nord (agg)	**nordlig**	['nʊːdlig]
sud (m)	**söder (en)**	['søːdər]
a sud	**söderut**	['søːdərʉt]
al sud	**i söder**	[i 'søːdər]
del sud (agg)	**syd-, söder**	['syd-], ['søːdər]
ovest (m)	**väster (en)**	['vɛstər]
a ovest	**västerut**	['vɛstərʉt]
all'ovest	**i väst**	[i vɛst]
dell'ovest, occidentale	**västra**	['vɛstra]
est (m)	**öster (en)**	['œstər]
a est	**österut**	['œstərʉt]
all'est	**i öst**	[i 'œst]
dell'est, orientale	**östra**	['œstra]

77. Mare. Oceano

mare (m)	**hav (ett)**	['hav]
oceano (m)	**ocean (en)**	[ʊsə'an]
golfo (m)	**bukt (en)**	['bukt]
stretto (m)	**sund (ett)**	['sund]
terra (f) (terra firma)	**fastland (ett)**	['fast‚lʲand]
continente (m)	**fastland (ett),**	['fast‚lʲand],
	kontinent (en)	[kɔnti'nɛnt]
isola (f)	**ö (en)**	['øː]
penisola (f)	**halvö (en)**	['halʲv‚øː]
arcipelago (m)	**skärgård, arkipelag (en)**	['ɧæːr‚goːd], [arkipe'lʲag]
baia (f)	**bukt (en)**	['bukt]
porto (m)	**hamn (en)**	['hamn]
laguna (f)	**lagun (en)**	[lʲa'gʉːn]
capo (m)	**udde (en)**	['udə]
atollo (m)	**atoll (en)**	[a'tɔlʲ]
scogliera (f)	**rev (ett)**	['rev]
corallo (m)	**korall (en)**	[kɔ'ralʲ]
barriera (f) corallina	**korallrev (ett)**	[kɔ'ralʲ‚rev]

profondo (agg)	djup	['jʉ:p]
profondità (f)	djup (ett)	['jʉ:p]
abisso (m)	avgrund (en)	['av‚grʉnd]
fossa (f) (~ delle Marianne)	djuphavsgrav (en)	['jʉ:phavs‚grav]

| corrente (f) | ström (en) | ['strø:m] |
| circondare (vt) | att omge | [at 'ɔmje] |

| litorale (m) | kust (en) | ['kust] |
| costa (f) | kust (en) | ['kust] |

alta marea (f)	flod (en)	['flʲʉd]
bassa marea (f)	ebb (en)	['ɛb]
banco (m) di sabbia	sandbank (en)	['sand‚baŋk]
fondo (m)	botten (en)	['bɔtən]

onda (f)	våg (en)	['vo:g]
cresta (f) dell'onda	vågkam (en)	['vo:g‚kam]
schiuma (f)	skum (ett)	['skum]

tempesta (f)	storm (en)	['stɔrm]
uragano (m)	orkan (en)	[ɔr'kan]
tsunami (m)	tsunami (en)	[tsu'nami]
bonaccia (f)	stiltje (en)	['stilʲtjə]
tranquillo (agg)	stilla	['stilʲa]

| polo (m) | pol (en) | ['pʉlʲ] |
| polare (agg) | pol-, polar- | ['pʉlʲ-], [pʉ'lʲar-] |

latitudine (f)	latitud (en)	[lʲati'tʉ:d]
longitudine (f)	longitud (en)	[lʲɔŋi'tʉ:d]
parallelo (m)	breddgrad (en)	['brɛd‚grad]
equatore (m)	ekvator (en)	[ɛ'kvatʉr]

cielo (m)	himmel (en)	['himəlʲ]
orizzonte (m)	horisont (en)	[hʉri'sɔnt]
aria (f)	luft (en)	['lʉft]

faro (m)	fyr (en)	['fyr]
tuffarsi (vr)	att dyka	[at 'dyka]
affondare (andare a fondo)	att sjunka	[at 'ɧuŋka]
tesori (m)	skatter (pl)	['skatər]

78. Nomi dei mari e degli oceani

Oceano (m) Atlantico	Atlanten	[at'lʲantən]
Oceano (m) Indiano	Indiska oceanen	['indiska ʉsə'anən]
Oceano (m) Pacifico	Stilla havet	['stilʲa 'havɛt]
mar (m) Glaciale Artico	Norra ishavet	['nɔra ‚is'havɛt]
mar (m) Nero	Svarta havet	['sva:ʈa 'havɛt]

mar (m) Rosso	Röda havet	['rø:da 'havɛt]
mar (m) Giallo	Gula havet	['gʉ:lʲa 'havɛt]
mar (m) Bianco	Vita havet	['vita 'havɛt]

mar (m) Caspio	Kaspiska havet	['kaspiska 'havɛt]
mar (m) Morto	Döda havet	['dø:da 'havɛt]
mar (m) Mediterraneo	Medelhavet	['medəlʲˌhavɛt]

| mar (m) Egeo | Egeiska havet | [ɛ'gejska 'havɛt] |
| mar (m) Adriatico | Adriatiska havet | [adri'atiska 'havɛt] |

mar (m) Arabico	Arabiska havet	[a'rabiska 'havɛt]
mar (m) del Giappone	Japanska havet	[ja'panska 'havɛt]
mare (m) di Bering	Beringshavet	['beringsˌhavɛt]
mar (m) Cinese meridionale	Sydkinesiska havet	['sydɕiˌnesiska 'havɛt]

mar (m) dei Coralli	Korallhavet	[kɔ'ralʲˌhavɛt]
mar (m) di Tasman	Tasmanhavet	[tas'manˌhavɛt]
mar (m) dei Caraibi	Karibiska havet	[ka'ribiska 'havɛt]

| mare (m) di Barents | Barentshavet | ['barɛntsˌhavɛt] |
| mare (m) di Kara | Karahavet | ['karaˌhavɛt] |

mare (m) del Nord	Nordsjön	['nʊ:dˌʃø:n]
mar (m) Baltico	Östersjön	['œstɛ:ˌʃø:n]
mare (m) di Norvegia	Norska havet	['nɔ:ʂka 'havɛt]

79. Montagne

monte (m), montagna (f)	berg (ett)	['bɛrj]
catena (f) montuosa	bergskedja (en)	['bɛrjˌɕedja]
crinale (m)	bergsrygg (en)	['bɛrjsˌrʏg]

cima (f)	topp (en)	['tɔp]
picco (m)	tinne (en)	['tinə]
piedi (m pl)	fot (en)	['fʊt]
pendio (m)	sluttning (en)	['slʉ:tniŋ]

vulcano (m)	vulkan (en)	[vulʲ'kan]
vulcano (m) attivo	verksam vulkan (en)	['vɛrksam vulʲ'kan]
vulcano (m) inattivo	slocknad vulkan (en)	['slʲɔknad vulʲ'kan]

eruzione (f)	utbrott (ett)	['ʉtˌbrɔt]
cratere (m)	krater (en)	['kratər]
magma (m)	magma (en)	['magma]
lava (f)	lava (en)	['lʲava]
fuso (lava ~a)	glödgad	['glʲœdgad]

| canyon (m) | kanjon (en) | ['kanjɔn] |
| gola (f) | klyfta (en) | ['klʲyfta] |

crepaccio (m)	skreva (en)	['skreva]
precipizio (m)	avgrund (en)	['av‚grʉnd]
passo (m), valico (m)	pass (ett)	['pas]
altopiano (m)	platå (en)	[plʲa'to:]
falesia (f)	klippa (en)	['klipa]
collina (f)	kulle, backe (en)	['kulʲə], ['bakə]
ghiacciaio (m)	glaciär, jökel (en)	[glʲas'jæ:r], ['jø:kəlʲ]
cascata (f)	vattenfall (ett)	['vatən‚falʲ]
geyser (m)	gejser (en)	['gɛjsər]
lago (m)	sjö (en)	['ɧø:]
pianura (f)	slätt (en)	['slʲæt]
paesaggio (m)	landskap (ett)	['lʲaŋ‚skap]
eco (f)	eko (ett)	['ɛkʊ]
alpinista (m)	alpinist (en)	['alʲpi‚nist]
scalatore (m)	bergsbestigare (en)	['bɛrjs‚be'stigarə]
conquistare (~ una cima)	att erövra	[at ɛ'rœvra]
scalata (f)	bestigning (en)	[be'stigniŋ]

80. Nomi delle montagne

Alpi (f pl)	Alperna	['alʲpɛ:ŋa]
Monte (m) Bianco	Mont Blanc	[‚mɔn'blʲaŋ]
Pirenei (m pl)	Pyrenéerna	[pyre'neæ:ŋa]
Carpazi (m pl)	Karpaterna	[kar'patɛ:ŋa]
gli Urali (m pl)	Uralbergen	[ʉ'ralʲ‚bɛrjən]
Caucaso (m)	Kaukasus	['kaukasus]
Monte (m) Elbrus	Elbrus	['ɛlʲbrʉs]
Monti (m pl) Altai	Altaj	[alʲ'taj]
Tien Shan (m)	Tian Shan	[ti'an ʃan]
Pamir (m)	Pamir	[pa'mir]
Himalaia (m)	Himalaya	[hi'malʲaja]
Everest (m)	Everest	[ɛve'rɛst]
Ande (f pl)	Anderna	['andɛ:ŋa]
Kilimangiaro (m)	Kilimanjaro	[kiliman'jarʊ]

81. Fiumi

fiume (m)	älv, flod (en)	['ɛlʲv], ['flʲʊd]
fonte (f) (sorgente)	källa (en)	['ɕɛlʲa]
letto (m) (~ del fiume)	flodbädd (en)	['flʲʊd‚bɛd]
bacino (m)	flodbassäng (en)	['flʲʊd‚ba'sɛŋ]

sfociare nel …	att mynna ut …	[at 'mʏna ɵt …]
affluente (m)	biflod (en)	['biˌflʲʊd]
riva (f)	strand (en)	['strand]

corrente (f)	ström (en)	['strøːm]
a valle	nedströms	['nɛdˌstrœms]
a monte	motströms	['mʊtˌstrœms]

inondazione (f)	översvämning (en)	['øːvəˌsvɛmnin]
piena (f)	flöde (ett)	['flʲøːdə]
straripare (vi)	att flöda över	[at 'flʲøːda ˌøːvər]
inondare (vt)	att översvämma	[at 'øːvəˌsvɛma]

| secca (f) | grund (ett) | ['grɵnd] |
| rapida (f) | forsar (pl) | [fo'ʂar] |

diga (f)	damm (en)	['dam]
canale (m)	kanal (en)	[ka'nalʲ]
bacino (m) di riserva	reservoar (ett)	[resɛrvʊ'aːr]
chiusa (f)	sluss (en)	['slɵːs]

specchio (m) d'acqua	vattensamling (en)	['vatənˌsamlin]
palude (f)	myr, mosse (en)	['myr], ['mʊsə]
pantano (m)	gungfly (ett)	['gunˌfly]
vortice (m)	strömvirvel (en)	['strøːmˌvirvəlʲ]

ruscello (m)	bäck (en)	['bɛk]
potabile (agg)	dricks-	['driks-]
dolce (di acqua ~)	söt-, färsk-	['søːt-], ['fæːʂk-]

| ghiaccio (m) | is (en) | ['is] |
| ghiacciarsi (vr) | att frysa till | [at 'frysa tilʲ] |

82. Nomi dei fiumi

| Senna (f) | Seine | ['sɛːn] |
| Loira (f) | Loire | [lʲʊ'aːr] |

Tamigi (m)	Themsen	['tɛmsən]
Reno (m)	Rhen	['ren]
Danubio (m)	Donau	['dɔnaʊ]

Volga (m)	Volga	['vɔlʲga]
Don (m)	Don	['dɔn]
Lena (f)	Lena	['lʲena]

Fiume (m) Giallo	Hwang-ho	[huaŋ'hʊ]
Fiume (m) Azzurro	Yangtze	['jaŋtsə]
Mekong (m)	Mekong	[me'kɔn]
Gange (m)	Ganges	['gaŋəs]

Nilo (m)	Nilen	['nil'en]
Congo (m)	Kongo	['kɔngʊ]
Okavango	Okavango	[ɔka'vangʊ]
Zambesi (m)	Zambezi	[sam'besi]
Limpopo (m)	Limpopo	[lim'pɔpɔ]
Mississippi (m)	Mississippi	[misi'sipi]

83. Foresta

| foresta (f) | skog (en) | ['skʊg] |
| forestale (agg) | skogs- | ['skʊgs-] |

foresta (f) fitta	tät skog (en)	['tɛt ˌskʊg]
boschetto (m)	lund (en)	['lʉnd]
radura (f)	glänta (en)	['gl'ɛnta]

| roveto (m) | snår (ett) | ['snoːr] |
| boscaglia (f) | buskterräng (en) | ['busk tɛ'rɛŋ] |

| sentiero (m) | stig (en) | ['stig] |
| calanco (m) | ravin (en) | [ra'vin] |

albero (m)	träd (ett)	['trɛːd]
foglia (f)	löv (ett)	['l'øːv]
fogliame (m)	löv, lövverk (ett)	['l'øːv], ['l'øːværk]

caduta (f) delle foglie	lövfällning (en)	['l'øːvˌfɛl'niŋ]
cadere (vi)	att falla	[at 'fal'a]
cima (f)	trädtopp (en)	['trɛːˌtɔp]

ramo (m), ramoscello (m)	gren, kvist (en)	['gren], ['kvist]
ramo (m)	gren (en)	['gren]
gemma (f)	knopp (en)	['knɔp]
ago (m)	nål (en)	['noːl']
pigna (f)	kotte (en)	['kɔtə]

cavità (f)	trädhål (ett)	['trɛːdˌhoːl']
nido (m)	bo (ett)	['bʊ]
tana (f) (del fox, ecc.)	lya, håla (en)	['l'ya], ['hoːl'a]

tronco (m)	stam (en)	['stam]
radice (f)	rot (en)	['rʊt]
corteccia (f)	bark (en)	['bark]
musco (m)	mossa (en)	['mɔsa]

sradicare (vt)	att rycka upp med rötterna	[at 'rʏka up me 'rœttɛːŋa]
abbattere (~ un albero)	att fälla	[at 'fɛl'a]
disboscare (vt)	att hugga ner	[at 'huga ner]
ceppo (m)	stubbe (en)	['stubə]

falò (m)	bål (ett)	['boːlʲ]
incendio (m) boschivo	skogsbrand (en)	['skʊgsˌbrand]
spegnere (vt)	att släcka	[at 'slʲɛka]

guardia (f) forestale	skogsvakt (en)	['skʊgsˌvakt]
protezione (f)	värn, skydd (ett)	['væːn], [ɧyd]
proteggere (~ la natura)	att skydda	[at 'ɧyda]
bracconiere (m)	tjuvskytt (en)	['ɕʉːvˌɧyt]
tagliola (f) (~ per orsi)	sax (en)	['saks]

| raccogliere (vt) | att plocka | [at 'plʲɔka] |
| perdersi (vr) | att gå vilse | [at 'goː 'vilʲsə] |

84. Risorse naturali

risorse (f pl) naturali	naturresurser (pl)	[na'tʉːr re'surʂər]
minerali (m pl)	mineraler (pl)	[mine'ralʲər]
deposito (m) (~ di carbone)	fyndigheter (pl)	['fʏndiˌhetər]
giacimento (m) (~ petrolifero)	fält (ett)	['fɛlʲt]

estrarre (vt)	att utvinna	[at 'ʉtˌvina]
estrazione (f)	utvinning (en)	['ʉtˌviniŋ]
minerale (m) grezzo	malm (en)	['malʲm]
miniera (f)	gruva (en)	['grʉva]
pozzo (m) di miniera	gruvschakt (ett)	['grʉːvˌɧakt]
minatore (m)	gruvarbetare (en)	['grʉːvˌar'betarə]

| gas (m) | gas (en) | ['gas] |
| gasdotto (m) | gasledning (en) | ['gasˌlʲedniŋ] |

petrolio (m)	olja (en)	['ɔlja]
oleodotto (m)	oljeledning (en)	['ɔljəˌlʲedniŋ]
torre (f) di estrazione	oljekälla (en)	['ɔljəˌɕæla]
torre (f) di trivellazione	borrtorn (ett)	['bɔrˌtʉːn]
petroliera (f)	tankfartyg (ett)	['taŋkˌfaːˈtyg]

sabbia (f)	sand (en)	['sand]
calcare (m)	kalksten (en)	[kalʲkˌsten]
ghiaia (f)	grus (ett)	['grʉːs]
torba (f)	torv (en)	['tɔrv]
argilla (f)	lera (en)	['lʲera]
carbone (m)	kol (ett)	['kɔlʲ]

ferro (m)	järn (ett)	['jæːn]
oro (m)	guld (ett)	['gulʲd]
argento (m)	silver (ett)	['silʲvər]
nichel (m)	nickel (en)	['nikəlʲ]
rame (m)	koppar (en)	['kopar]
zinco (m)	zink (en)	['siŋk]

manganese (m)	mangan (en)	[man'gan]
mercurio (m)	kvicksilver (ett)	['kvik‚silʲvər]
piombo (m)	bly (ett)	['blʲy]

minerale (m)	mineral (ett)	[minə'ralʲ]
cristallo (m)	kristall (en)	[kri'stalʲ]
marmo (m)	marmor (en)	['marmʊr]
uranio (m)	uran (ett)	[ʉ'ran]

85. Tempo

tempo (m)	väder (ett)	['vɛ:dər]
previsione (f) del tempo	väderprognos (en)	['vɛ:dər‚prɔg'nɔ:s]
temperatura (f)	temperatur (en)	[tɛmpəra'tʉ:r]
termometro (m)	termometer (en)	[tɛrmʊ'metər]
barometro (m)	barometer (en)	[barʊ'metər]

umido (agg)	fuktig	['fu:ktig]
umidità (f)	fuktighet (en)	['fu:ktig‚het]
caldo (m), afa (f)	hetta (en)	['hɛta]
molto caldo (agg)	het	['het]
fa molto caldo	det är hett	[dɛ æ:r 'hɛt]

fa caldo	det är varmt	[dɛ æ:r varmt]
caldo, mite (agg)	varm	['varm]

fa freddo	det är kallt	[dɛ æ:r 'kalʲt]
freddo (agg)	kall	['kalʲ]

sole (m)	sol (en)	['sʊlʲ]
splendere (vi)	att skina	[at 'ɧina]
di sole (una giornata ~)	solig	['sʊlig]
sorgere, levarsi (vr)	att gå upp	[at 'go: 'up]
tramontare (vi)	att gå ner	[at 'go: ‚ner]

nuvola (f)	moln (ett), sky (en)	['mɔlʲn], ['ɧy]
nuvoloso (agg)	molnig	['mɔlʲnig]
nube (f) di pioggia	regnmoln (ett)	['rɛgn‚mɔlʲn]
nuvoloso (agg)	mörk, mulen	['mœ:rk], ['mʉ:lʲen]

pioggia (f)	regn (ett)	['rɛgn]
piove	det regnar	[dɛ 'rɛgnar]
piovoso (agg)	regnväders-	['rɛgn‚vɛdəʂ-]
piovigginare (vi)	att duggregna	[at 'dug‚rɛgna]
pioggia (f) torrenziale	hällande regn (ett)	['hɛlʲandə 'rɛgn]
acquazzone (m)	spöregn (ett)	['spø:‚rɛgn]
forte (una ~ pioggia)	kraftigt, häftigt	['kraftigt], ['hɛftigt]
pozzanghera (f)	pöl, vattenpuss (en)	['pø:lʲ], ['vatən‚pus]
bagnarsi	att bli våt	[at bli 'vo:t]
(~ sotto la pioggia)		

foschia (f), nebbia (f)	dimma (en)	['dima]
nebbioso (agg)	dimmig	['dimig]
neve (f)	snö (en)	['snø:]
nevica	det snöar	[dɛ 'snø:ar]

86. Rigide condizioni metereologiche. Disastri naturali

temporale (m)	åskväder (ett)	['ɔsk‚vɛdər]
fulmine (f)	blixt (en)	['blikst]
lampeggiare (vi)	att blixtra	[at 'blikstra]

tuono (m)	åska (en)	['ɔska]
tuonare (vi)	att åska	[at 'ɔska]
tuona	det åskar	[dɛ 'ɔskar]

| grandine (f) | hagel (ett) | ['hagəlʲ] |
| grandina | det haglar | [dɛ 'haglʲar] |

| inondare (vt) | att översvämma | [at 'ø:və‚svɛma] |
| inondazione (f) | översvämning (en) | ['ø:və‚svɛmniŋ] |

terremoto (m)	jordskalv (ett)	['jʊ:d‚skalv]
scossa (f)	skalv (ett)	['skalʲv]
epicentro (m)	epicentrum (ett)	[ɛpi'sɛntrum]

| eruzione (f) | utbrott (ett) | ['ʉt‚brɔt] |
| lava (f) | lava (en) | ['lʲava] |

tromba (f) d'aria	tromb (en)	['trɔmb]
tornado (m)	tornado (en)	[tʊ'ŋadʊ]
tifone (m)	tyfon (en)	[tyˈfɔn]

uragano (m)	orkan (en)	[ɔr'kan]
tempesta (f)	storm (en)	['stɔrm]
tsunami (m)	tsunami (en)	[tsu'nami]

ciclone (m)	cyklon (en)	[tsɤ'klʲɔn]
maltempo (m)	oväder (ett)	[ʊ:'vɛ:dər]
incendio (m)	brand (en)	['brand]
disastro (m)	katastrof (en)	[kata'strɔf]
meteorite (m)	meteorit (en)	[metɛʊ'rit]

valanga (f)	lavin (en)	[lʲa'vin]
slavina (f)	snöskred, snöras (ett)	['snø:‚skred], ['snø:‚ras]
tempesta (f) di neve	snöstorm (en)	['snø:‚stɔrm]
bufera (f) di neve	snöstorm (en)	['snø:‚stɔrm]

FAUNA

T&P Books Publishing

87. Mammiferi. Predatori

predatore (m)	rovdjur (ett)	['rʊvˌjʉːr]
tigre (f)	tiger (en)	['tigər]
leone (m)	lejon (ett)	['lʲejɔn]
lupo (m)	ulv (en)	['ulʲv]
volpe (m)	räv (en)	['rɛːv]
giaguaro (m)	jaguar (en)	[jaguar]
leopardo (m)	leopard (en)	[lʲeʊ'paːd]
ghepardo (m)	gepard (en)	[je'paːd]
pantera (f)	panter (en)	['pantər]
puma (f)	puma (en)	['pʉːma]
leopardo (m) delle nevi	snöleopard (en)	['snø: lʲeʊ'paːd]
lince (f)	lodjur (ett), lo (en)	['lʲʊˌjʉːr], ['lʲʊ]
coyote (m)	koyot, prärievarg (en)	[ko'jʊt], ['præːrieˌvarj]
sciacallo (m)	sjakal (en)	[ɧa'kalʲ]
iena (f)	hyena (en)	[hy'ena]

88. Animali selvatici

animale (m)	djur (ett)	['jʉːr]
bestia (f)	best (en), djur (ett)	['bɛst], ['jʉːr]
scoiattolo (m)	ekorre (en)	['ɛkɔrə]
riccio (m)	igelkott (en)	['igəlʲˌkɔt]
lepre (f)	hare (en)	['harə]
coniglio (m)	kanin (en)	[ka'nin]
tasso (m)	grävling (en)	['grɛvliŋ]
procione (f)	tvättbjörn (en)	['tvætˌbjøːŋ]
criceto (m)	hamster (en)	['hamstər]
marmotta (f)	murmeldjur (ett)	['murməlʲjʉːr]
talpa (f)	mullvad (en)	['mulʲˌvad]
topo (m)	mus (en)	['mʉːs]
ratto (m)	råtta (en)	['rɔta]
pipistrello (m)	fladdermus (en)	['flʲadərˌmʉːs]
ermellino (m)	hermelin (en)	[hɛrme'lin]
zibellino (m)	sobel (en)	['sɔbəlʲ]
martora (f)	mård (en)	['moːd]

donnola (f)	vessla (en)	['vɛslʲa]
visone (m)	mink (en)	['miŋk]
castoro (m)	bäver (en)	['bɛ:vər]
lontra (f)	utter (en)	['ʉ:tər]
cavallo (m)	häst (en)	['hɛst]
alce (m)	älg (en)	['ɛlj]
cervo (m)	hjort (en)	['jʉ:t]
cammello (m)	kamel (en)	[ka'melʲ]
bisonte (m) americano	bison (en)	['bisɔn]
bisonte (m) europeo	uroxe (en)	['ʉˌroksə]
bufalo (m)	buffel (en)	['bufəlʲ]
zebra (f)	sebra (en)	['sebra]
antilope (f)	antilop (en)	[anti'lʲʊp]
capriolo (m)	rådjur (ett)	['rɔ:jʉ:r]
daino (m)	dovhjort (en)	['dɔvˌjʉ:t]
camoscio (m)	gems (en)	['jɛms]
cinghiale (m)	vildsvin (ett)	['vilʲdˌsvin]
balena (f)	val (en)	['valʲ]
foca (f)	säl (en)	['sɛ:lʲ]
tricheco (m)	valross (en)	['valʲˌrɔs]
otaria (f)	pälssäl (en)	['pɛlʲsˌsɛlʲ]
delfino (m)	delfin (en)	[dɛlʲ'fin]
orso (m)	björn (en)	['bjø:ɳ]
orso (m) bianco	isbjörn (en)	['isˌbjø:ɳ]
panda (m)	panda (en)	['panda]
scimmia (f)	apa (en)	['apa]
scimpanzè (m)	schimpans (en)	[ɧim'pans]
orango (m)	orangutang (en)	[ʊ'raŋgʊˌtaŋ]
gorilla (m)	gorilla (en)	[gɔ'rilʲa]
macaco (m)	makak (en)	[ma'kak]
gibbone (m)	gibbon (en)	[gi'bʊn]
elefante (m)	elefant (en)	[ɛlʲe'fant]
rinoceronte (m)	noshörning (en)	['nʊsˌhø:ɳiɳ]
giraffa (f)	giraff (en)	[ɧi'raf]
ippopotamo (m)	flodhäst (en)	['flʲʊdˌhɛst]
canguro (m)	känguru (en)	['ɕɛngurʊ]
koala (m)	koala (en)	[kʊ'alʲa]
mangusta (f)	mangust, mungo (en)	['mangust], ['muŋgʊ]
cincillà (f)	chinchilla (en)	[ɧin'ʃilʲa]
moffetta (f)	skunk (en)	['skuŋk]
istrice (m)	piggsvin (ett)	['pigˌsvin]

89. Animali domestici

gatta (f)	katt (en)	['kat]
gatto (m)	hankatt (en)	['han‚kat]
cane (m)	hund (en)	['hund]

cavallo (m)	häst (en)	['hɛst]
stallone (m)	hingst (en)	['hiŋst]
giumenta (f)	sto (ett)	['stʊː]

mucca (f)	ko (en)	['kɔː]
toro (m)	tjur (en)	['ɕʉːr]
bue (m)	oxe (en)	['ʊksə]

pecora (f)	får (ett)	['foːr]
montone (m)	bagge (en)	['bagə]
capra (f)	get (en)	['jet]
caprone (m)	getabock (en)	['jeta‚bɔk]

| asino (m) | åsna (en) | ['ɔsna] |
| mulo (m) | mula (en) | ['mʉlʲa] |

porco (m)	svin (ett)	['svin]
porcellino (m)	griskulting (en)	['gris‚kulʲtiŋ]
coniglio (m)	kanin (en)	[ka'nin]
gallina (f)	höna (en)	['høːna]
gallo (m)	tupp (en)	['tup]

anatra (f)	anka (en)	['aŋka]
maschio (m) dell'anatra	andrik, andrake (en)	['andrik], ['andrakə]
oca (f)	gås (en)	['goːs]

| tacchino (m) | kalkontupp (en) | [kalʲ'kʊn‚tup] |
| tacchina (f) | kalkonhöna (en) | [kalʲ'kʊn‚høːna] |

animali (m pl) domestici	husdjur (pl)	['hʉsjʉːr]
addomesticato (agg)	tam	['tam]
addomesticare (vt)	att tämja	[at 'tɛmja]
allevare (vt)	att avla, att föda upp	[at 'avlʲa], [at 'føːda up]

fattoria (f)	farm, lantgård (en)	[farm], ['lʲant‚goːd]
pollame (m)	fjäderfä (ett)	['fjɛːdər‚fɛː]
bestiame (m)	boskap (en)	['bʊskap]
branco (m), mandria (f)	hjord (en)	['jʉːd]

scuderia (f)	stall (ett)	['stalʲ]
porcile (m)	svinstia (en)	['svin‚stia]
stalla (f)	ladugård (en), kostall (ett)	['lʲadʉ‚goːd], ['kostalʲ]

| conigliera (f) | kaninbur (en) | [ka'nin‚bʉːr] |
| pollaio (m) | hönshus (ett) | ['høːns‚hʉs] |

90. Uccelli

uccello (m)	fågel (en)	['fo:gəlʲ]
colombo (m), piccione (m)	duva (en)	['dɵ:va]
passero (m)	sparv (en)	['sparv]
cincia (f)	talgoxe (en)	['taljɵksə]
gazza (f)	skata (en)	['skata]
corvo (m)	korp (en)	['kɔrp]
cornacchia (f)	kråka (en)	['kro:ka]
taccola (f)	kaja (en)	['kaja]
corvo (m) nero	råka (en)	['ro:ka]
anatra (f)	anka (en)	['aŋka]
oca (f)	gås (en)	['go:s]
fagiano (m)	fasan (en)	[fa'san]
aquila (f)	örn (en)	['ø:ɳ]
astore (m)	hök (en)	['hø:k]
falco (m)	falk (en)	['falʲk]
grifone (m)	gam (en)	['gam]
condor (m)	kondor (en)	['kɔnˌdor]
cigno (m)	svan (en)	['svan]
gru (f)	trana (en)	['trana]
cicogna (f)	stork (en)	['stɔrk]
pappagallo (m)	papegoja (en)	[pape'gɔja]
colibrì (m)	kolibri (en)	['kolibri]
pavone (m)	påfågel (en)	['po:ˌfo:gəlʲ]
struzzo (m)	struts (en)	['struts]
airone (m)	häger (en)	['hɛ:gər]
fenicottero (m)	flamingo (en)	[flʲa'mingɔ]
pellicano (m)	pelikan (en)	[peli'kan]
usignolo (m)	näktergal (en)	['nɛktəˌgalʲ]
rondine (f)	svala (en)	['svalʲa]
tordo (m)	trast (en)	['trast]
tordo (m) sasello	sångtrast (en)	['sɔŋˌtrast]
merlo (m)	koltrast (en)	['kɔlʲˌtrast]
rondone (m)	tornseglare, tornsvala (en)	['tʊ:ɳˌseglarə], ['tʊ:ɳˌsvalʲa]
allodola (f)	lärka (en)	['lʲæ:rka]
quaglia (f)	vaktel (en)	['vaktəlʲ]
picchio (m)	hackspett (en)	['hakˌspet]
cuculo (m)	gök (en)	['jø:k]
civetta (f)	uggla (en)	['uglʲa]

gufo (m) reale	berguv (en)	['bɛrj,ʉːv]
urogallo (m)	tjäder (en)	['ɕɛːdər]
fagiano (m) di monte	orre (en)	['ɔrə]
pernice (f)	rapphöna (en)	['rap,høːna]

storno (m)	stare (en)	['starə]
canarino (m)	kanariefågel (en)	[ka'narie,foːgəlʲ]
francolino (m) di monte	järpe (en)	['jæːrpə]
fringuello (m)	bofink (en)	['bʊ,fiŋk]
ciuffolotto (m)	domherre (en)	['dʊmhɛrə]

gabbiano (m)	mås (en)	['moːs]
albatro (m)	albatross (en)	['alʲba,trɔs]
pinguino (m)	pingvin (en)	[piŋ'vin]

91. Pesci. Animali marini

abramide (f)	brax (en)	['braks]
carpa (f)	karp (en)	['karp]
perca (f)	ábborre (en)	['abɔrə]
pesce (m) gatto	mal (en)	['malʲ]
luccio (m)	gädda (en)	['jɛda]

| salmone (m) | lax (en) | ['lʲaks] |
| storione (m) | stör (en) | ['støːr] |

aringa (f)	sill (en)	['silʲ]
salmone (m)	atlanterhavslax (en)	[at'lanterhav,lʲaks]
scombro (m)	makrill (en)	['makrilʲ]
sogliola (f)	rödspätta (en)	['røːd,spæta]

lucioperca (f)	gös (en)	['jøːs]
merluzzo (m)	torsk (en)	['tɔːʂk]
tonno (m)	tonfisk (en)	['tʊn,fisk]
trota (f)	öring (en)	['øːriŋ]

anguilla (f)	ål (en)	['oːlʲ]
torpedine (f)	elektrisk rocka (en)	[ɛ'lʲektrisk,rɔka]
murena (f)	muräna (en)	[mʉ'rɛna]
piranha (f)	piraya (en)	[pi'raja]

squalo (m)	haj (en)	['haj]
delfino (m)	delfin (en)	[dɛlʲ'fin]
balena (f)	val (en)	['valʲ]

granchio (m)	krabba (en)	['kraba]
medusa (f)	manet, medusa (en)	[ma'net], [me'dʉsa]
polpo (m)	bläckfisk (en)	['blʲɛk,fisk]
stella (f) marina	sjöstjärna (en)	['ɧøːˌɧæːʂa]
riccio (m) di mare	sjöpiggsvin (ett)	['ɧøːˌpigsvin]

cavalluccio (m) marino	sjöhäst (en)	['ɧøː‚hɛst]
ostrica (f)	ostron (ett)	['ʊstrʊn]
gamberetto (m)	räka (en)	['rɛːka]
astice (m)	hummer (en)	['humər]
aragosta (f)	languster (en)	[lʲaŋ'gustər]

92. Anfibi. Rettili

serpente (m)	orm (en)	['ʊrm]
velenoso (agg)	giftig	['jiftig]

vipera (f)	huggorm (en)	['hɵg‚ʊrm]
cobra (m)	kobra (en)	['kɔbra]
pitone (m)	pytonorm (en)	[py'tɔn‚ʊrm]
boa (m)	boaorm (en)	['bʊa‚ʊrm]

biscia (f)	snok (en)	['snʊk]
serpente (m) a sonagli	skallerorm (en)	['skalʲer‚ʊrm]
anaconda (f)	anaconda (en)	[ana'kɔnda]

lucertola (f)	ödla (en)	['ødlʲa]
iguana (f)	iguana (en)	[igu'ana]
varano (m)	varan (en)	[va'ran]
salamandra (f)	salamander (en)	[salʲa'mandər]
camaleonte (m)	kameleont (en)	[kamelʲe'ɔnt]
scorpione (m)	skorpion (en)	[skɔrpi'ʊn]

tartaruga (f)	sköldpadda (en)	['ɧœlʲd‚pada]
rana (f)	groda (en)	['grʊda]
rospo (m)	padda (en)	['pada]
coccodrillo (m)	krokodil (en)	[krɔkɔ'dilʲ]

93. Insetti

insetto (m)	insekt (en)	['insɛkt]
farfalla (f)	fjäril (en)	['fʲæːrilʲ]
formica (f)	myra (en)	['myra]
mosca (f)	fluga (en)	['flɵːga]
zanzara (f)	mygga (en)	['mʏga]
scarabeo (m)	skalbagge (en)	['skalʲ‚bagə]

vespa (f)	geting (en)	['jɛtiŋ]
ape (f)	bi (ett)	['bi]
bombo (m)	humla (en)	['humlʲa]
tafano (m)	styngfluga (en)	['stʏŋ‚flɵːga]

ragno (m)	spindel (en)	['spindəlʲ]
ragnatela (f)	spindelnät (ett)	['spindəl‚nɛːt]

libellula (f)	**trollslända (en)**	['trɔlˌslʲɛnda]
cavalletta (f)	**gräshoppa (en)**	['grɛsˌhɔpa]
farfalla (f) notturna	**nattfjäril (en)**	['natˌfjæːrilʲ]
scarafaggio (m)	**kackerlacka (en)**	['kakɛːˌlʲaka]
zecca (f)	**fästing (en)**	['fɛstiŋ]
pulce (f)	**loppa (en)**	['lʲɔpa]
moscerino (m)	**knott (ett)**	['knot]
locusta (f)	**vandringsgräs-hoppa (en)**	['vandriŋˌgrɛs 'hɔparə]
lumaca (f)	**snigel (en)**	['snigəlʲ]
grillo (m)	**syrsa (en)**	['syʂa]
lucciola (f)	**lysmask (en)**	['lʲysˌmask]
coccinella (f)	**nyckelpiga (en)**	['nʏkəlʲˌpiga]
maggiolino (m)	**ollonborre (en)**	['ɔlʲɔnˌbɔrə]
sanguisuga (f)	**igel (en)**	['iːgəlʲ]
bruco (m)	**fjärilslarv (en)**	['fjæːrilʲsˌlʲarv]
verme (m)	**daggmask (en)**	['dagˌmask]
larva (f)	**larv (en)**	['lʲarv]

FLORA

T&P Books Publishing

94. Alberi

albero (m)	träd (ett)	['trɛːd]
deciduo (agg)	löv-	['lʲøːv-]
conifero (agg)	barr-	['bar-]
sempreverde (agg)	eviggrönt	['ɛviˌgrœnt]

melo (m)	äppelträd (ett)	['ɛpelʲˌtrɛd]
pero (m)	päronträd (ett)	['pæːrɔnˌtrɛd]
ciliegio (m)	fågelbärsträd (ett)	['foːgəlʲbæːʂˌtrɛd]
amareno (m)	körsbärsträd (ett)	['çøːʂbæːʂˌtrɛd]
prugno (m)	plommonträd (ett)	['plʲʊmɔnˌtrɛd]

betulla (f)	björk (en)	['bjœrk]
quercia (f)	ek (en)	['ɛk]
tiglio (m)	lind (en)	['lind]
pioppo (m) tremolo	asp (en)	['asp]
acero (m)	lönn (en)	['lʲøn]

abete (m)	gran (en)	['gran]
pino (m)	tall (en)	['talʲ]
larice (m)	lärk (en)	['lʲæːrk]

| abete (m) bianco | silvergran (en) | ['silʲvərˌgran] |
| cedro (m) | ceder (en) | ['sedər] |

| pioppo (m) | poppel (en) | ['pɔpəlʲ] |
| sorbo (m) | rönn (en) | ['rœn] |

| salice (m) | pil (en) | ['pilʲ] |
| alno (m) | al (en) | ['alʲ] |

| faggio (m) | bok (en) | ['bʊk] |
| olmo (m) | alm (en) | ['alʲm] |

| frassino (m) | ask (en) | ['ask] |
| castagno (m) | kastanjeträd (ett) | [ka'stanjəˌtrɛd] |

magnolia (f)	magnolia (en)	[maŋ'nʊlia]
palma (f)	palm (en)	['palʲm]
cipresso (m)	cypress (en)	[sɣ'prɛs]

mangrovia (f)	mangroveträd (ett)	[maŋ'rɔvəˌtrɛd]
baobab (m)	apbrödsträd (ett)	['apbrødsˌtrɛd]
eucalipto (m)	eukalyptus (en)	[euka'lʲyptʉs]
sequoia (f)	sequoia (en)	[sek'vɔja]

95. Arbusti

| cespuglio (m) | buske (en) | ['buskǝ] |
| arbusto (m) | buske (en) | ['buskǝ] |

| vite (f) | vinranka (en) | ['vin͵raŋka] |
| vigneto (m) | vingård (en) | ['vin͵go:d] |

lampone (m)	hallonsnår (ett)	['halᶦon͵sno:r]
ribes (m) nero	svarta vinbär (ett)	['sva:ţa 'vinbæ:r]
ribes (m) rosso	röd vinbärsbuske (en)	['rø:d 'vinbæ:ş͵buskǝ]
uva (f) spina	krusbärsbuske (en)	['kru:sbæ:ş͵buskǝ]

acacia (f)	akacia (en)	[a'kasia]
crespino (m)	berberis (en)	['bɛrberis]
gelsomino (m)	jasmin (en)	[has'min]

ginepro (m)	en (en)	['en]
roseto (m)	rosenbuske (en)	['rusǝn͵buskǝ]
rosa (f) canina	stenros, hundros (en)	['stenrʊs], ['hundrʊs]

96. Frutti. Bacche

frutto (m)	frukt (en)	['frukt]
frutti (m pl)	frukter (pl)	['fruktǝr]
mela (f)	äpple (ett)	['ɛplᶦe]
pera (f)	päron (ett)	['pæ:rɔn]
prugna (f)	plommon (ett)	['plᶦumɔn]

fragola (f)	jordgubbe (en)	['ju:d͵gubǝ]
amarena (f)	körsbär (ett)	['çø:ş͵bæ:r]
ciliegia (f)	fågelbär (ett)	['fo:gǝlᶦ͵bæ:r]
uva (f)	druva (en)	['dru:va]

lampone (m)	hallon (ett)	['halᶦon]
ribes (m) nero	svarta vinbär (ett)	['sva:ţa 'vinbæ:r]
ribes (m) rosso	röda vinbär (ett)	['rø:da 'vinbæ:r]
uva (f) spina	krusbär (ett)	['kru:s͵bæ:r]
mirtillo (m) di palude	tranbär (ett)	['tran͵bæ:r]

arancia (f)	apelsin (en)	[apɛlᶦ'sin]
mandarino (m)	mandarin (en)	[manda'rin]
ananas (m)	ananas (en)	['ananas]
banana (f)	banan (en)	['banan]
dattero (m)	dadel (en)	['dadǝlᶦ]

limone (m)	citron (en)	[si'trʊn]
albicocca (f)	aprikos (en)	[apri'kʊs]
pesca (f)	persika (en)	['pɛşika]

| kiwi (m) | kiwi (en) | ['kivi] |
| pompelmo (m) | grapefrukt (en) | ['grɛjpˌfrʉkt] |

bacca (f)	bär (ett)	['bæːr]
bacche (f pl)	bär (pl)	['bæːr]
mirtillo (m) rosso	lingon (ett)	['liŋon]
fragola (f) di bosco	skogssmultron (ett)	['skʊgsˌsmulʲtrɔːn]
mirtillo (m)	blåbär (ett)	['blʲoːˌbæːr]

97. Fiori. Piante

| fiore (m) | blomma (en) | ['blʲʉma] |
| mazzo (m) di fiori | bukett (en) | [bʉ'kɛt] |

rosa (f)	ros (en)	['rʊs]
tulipano (m)	tulpan (en)	[tulʲ'pan]
garofano (m)	nejlika (en)	['nɛjlika]
gladiolo (m)	gladiolus (en)	[glʲadi'ɔlʉːs]

fiordaliso (m)	blåklint (en)	['blʲoːˌklint]
campanella (f)	blåklocka (en)	['blʲoːˌklʲɔka]
soffione (m)	maskros (en)	['maskrʊs]
camomilla (f)	kamomill (en)	[kamɔ'milʲ]

aloe (m)	aloe (en)	['alʲʊe]
cactus (m)	kaktus (en)	['kaktus]
ficus (m)	fikus (en)	['fikus]

giglio (m)	lilja (en)	['lilja]
geranio (m)	geranium (en)	[je'ranium]
giacinto (m)	hyacint (en)	[hya'sint]

mimosa (f)	mimosa (en)	[mi'mɔːsa]
narciso (m)	narciss (en)	[nar'sis]
nasturzio (m)	blomsterkrasse (en)	['blʲomsterˌkrasə]

orchidea (f)	orkidé (en)	[ɔrki'deː]
peonia (f)	pion (en)	[pi'ʊn]
viola (f)	viol (en)	[vi'ʊlʲ]

viola (f) del pensiero	styvmorsviol (en)	['styvmʊrs vi'ʊlʲ]
nontiscordardimé (m)	förgätmigej (en)	[føˌrʲæt mi 'gej]
margherita (f)	tusensköna (en)	['tʉːsənˌɧøːna]

papavero (m)	vallmo (en)	['valʲmʊ]
canapa (f)	hampa (en)	['hampa]
menta (f)	mynta (en)	['mʏnta]

| mughetto (m) | liljekonvalje (en) | ['lilje kʊn 'valjə] |
| bucaneve (m) | snödropp (en) | ['snøːˌdrop] |

ortica (f)	nässla (en)	['nɛslʲa]
acetosa (f)	syra (en)	['syra]
ninfea (f)	näckros (en)	['nɛkrʊs]
felce (f)	ormbunke (en)	['ʊrmˌbuŋkə]
lichene (m)	lav (en)	['lʲav]

serra (f)	drivhus (ett)	['drivˌhʉs]
prato (m) erboso	gräsplan, gräsmatta (en)	['grɛsˌplan], ['grɛsˌmata]
aiuola (f)	blomsterrabatt (en)	['blʲomstərˌrabat]

pianta (f)	växt (en)	['vɛkst]
erba (f)	gräs (ett)	['grɛ:s]
filo (m) d'erba	grässtrå (ett)	['grɛ:sˌstro:]

foglia (f)	löv (ett)	['lʲø:v]
petalo (m)	kronblad (ett)	['krɔnˌblʲad]
stelo (m)	stjälk (en)	['ɧɛlʲk]
tubero (m)	rotknöl (en)	['rʊtˌknø:lʲ]

| germoglio (m) | ung planta (en) | ['uŋ 'planta] |
| spina (f) | törne (ett) | ['tø:ŋə] |

fiorire (vi)	att blomma	[at 'blʲʊma]
appassire (vi)	att vissna	[at 'visna]
odore (m), profumo (m)	lukt (en)	['lʉkt]
tagliare (~ i fiori)	att skära av	[at 'ɧæ:ra av]
cogliere (vt)	att plocka	[at 'plʲoka]

98. Cereali, granaglie

grano (m)	korn, spannmål (ett)	['kʊ:n], ['spanˌmo:lʲ]
cereali (m pl)	spannmål (ett)	['spanˌmo:lʲ]
spiga (f)	ax (ett)	['aks]

frumento (m)	vete (ett)	['vetə]
segale (f)	råg (en)	['ro:g]
avena (f)	havre (en)	['havrə]

| miglio (m) | hirs (en) | ['hyʂ] |
| orzo (m) | korn (ett) | ['kʊ:n] |

mais (m)	majs (en)	['majs]
riso (m)	ris (ett)	['ris]
grano (m) saraceno	bovete (ett)	['bʊˌvetə]

pisello (m)	ärt (en)	['æ:t]
fagiolo (m)	böna (en)	['bøna]
soia (f)	soja (en)	['sɔja]
lenticchie (f pl)	lins (en)	['lins]
fave (f pl)	bönor (pl)	['bønʊr]

T&P BOOKS

PAESI

T&P Books Publishing

Afghanistan (m)	**Afghanistan**	[afˈganiˌstan]
Albania (f)	**Albanien**	[alˈbaniən]
Arabia Saudita (f)	**Saudiarabien**	[ˈsaudi aˈrabiən]
Argentina (f)	**Argentina**	[argɛnˈtina]
Armenia (f)	**Armenien**	[arˈmeniən]
Australia (f)	**Australien**	[auˈstraliən]
Austria (f)	**Österrike**	[ˈœstɛˌrikə]
Azerbaigian (m)	**Azerbajdzjan**	[asɛrbajˈdʒˌan]
Le Bahamas	**Bahamas**	[baˈhamas]
Bangladesh (m)	**Bangladesh**	[banglˈaˈdɛʃ]
Belgio (m)	**Belgien**	[ˈbɛlˈgiən]
Bielorussia (f)	**Vitryssland**	[ˈvitˌrʏslˈand]
Birmania (f)	**Myanmar**	[ˈmjanmar]
Bolivia (f)	**Bolivia**	[bʊˈlivia]
Bosnia-Erzegovina (f)	**Bosnien-Hercegovina**	[ˈbɔsniən hɛrsəgɔˈvina]
Brasile (m)	**Brasilien**	[braˈsiliən]
Bulgaria (f)	**Bulgarien**	[bʉɬˈgariən]
Cambogia (f)	**Kambodja**	[kamˈbɔdja]
Canada (m)	**Kanada**	[ˈkanada]
Cile (m)	**Chile**	[ˈɕiːlˈe]
Cina (f)	**Kina**	[ˈɕina]
Cipro (m)	**Cypern**	[ˈsypɛːŋ]
Colombia (f)	**Colombia**	[kɔˈlˈʊmbia]
Corea (f) del Nord	**Nordkorea**	[ˈnʊːd kʊˈrea]
Corea (f) del Sud	**Sydkorea**	[ˈsydˌkʊˈrea]
Croazia (f)	**Kroatien**	[krʊˈatiən]
Cuba (f)	**Kuba**	[ˈkʉːba]
Danimarca (f)	**Danmark**	[ˈdaŋmark]
Ecuador (m)	**Ecuador**	[ɛkvaˈdʊr]
Egitto (m)	**Egypten**	[eˈjyptən]
Emirati (m pl) Arabi	**Förenade arabrepubliken**	[føˈrenadə aˈrab repubˈlikən]
Estonia (f)	**Estland**	[ˈɛstlˈand]
Finlandia (f)	**Finland**	[ˈfinlˈand]
Francia (f)	**Frankrike**	[ˈfraŋkrikə]

Georgia (f)	**Georgien**	[jeˈɔrgiən]
Germania (f)	**Tyskland**	[ˈtʏsklˈand]

Ghana (m)	Ghana	['gana]
Giamaica (f)	Jamaica	[ja'majka]
Giappone (m)	Japan	['japan]
Giordania (f)	Jordanien	[jʊ:'daniən]
Gran Bretagna (f)	Storbritannien	['stʊr,bri'taniən]
Grecia (f)	Grekland	['greklʲand]

Haiti (m)	Haiti	[ha'iti]
India (f)	Indien	['indiən]
Indonesia (f)	Indonesien	[indʊ'nesiən]
Inghilterra (f)	England	['ɛŋlʲand]
Iran (m)	Iran	[i'ran]
Iraq (m)	Irak	[i'rak]
Irlanda (f)	Irland	['iɭand]
Islanda (f)	Island	['islʲand]
Israele (m)	Israel	['israəlʲ]
Italia (f)	Italien	[i'taliən]

Kazakistan (m)	Kazakstan	[ka'sak,stan]
Kenya (m)	Kenya	['kenja]
Kirghizistan (m)	Kirgizistan	[kir'gisi,stan]
Kuwait (m)	Kuwait	[kʉ'vajt]
Laos (m)	Laos	['lʲaɔs]
Lettonia (f)	Lettland	['lʲetlʲand]
Libano (m)	Libanon	['libanɔn]
Libia (f)	Libyen	['libiən]
Liechtenstein (m)	Liechtenstein	['lihtənstajn]
Lituania (f)	Litauen	[li'tauən]
Lussemburgo (m)	Luxemburg	['lʉksəm,burj]

Macedonia (f)	Makedonien	[make'dʊniən]
Madagascar (m)	Madagaskar	[mada'gaskar]
Malesia (f)	Malaysia	[ma'lʲajsia]
Malta (f)	Malta	['malʲta]
Marocco (m)	Marocko	[ma'rɔkʉ]
Messico (m)	Mexiko	['mɛksikɔ]
Moldavia (f)	Moldavien	[mʊlʲ'daviən]
Monaco (m)	Monaco	['mɔnakɔ]
Mongolia (f)	Mongoliet	[mʊngʊ'liet]
Montenegro (m)	Montenegro	['mɔntə,nɛgrʊ]

Namibia (f)	Namibia	[na'mibia]
Nepal (m)	Nepal	[ne'palʲ]
Norvegia (f)	Norge	['nɔrjə]
Nuova Zelanda (f)	Nya Zeeland	['nya 'se:lʲand]

101. Paesi. Parte 3

| Paesi Bassi (m pl) | Nederländerna | ['nedɛ:,lʲɛndɛ:ŋa] |
| Pakistan (m) | Pakistan | ['paki,stan] |

Palestina (f)	**Palestina**	[palʲeˈstina]
Panama (m)	**Panama**	[ˈpanama]
Paraguay (m)	**Paraguay**	[paragˈwaj]
Perù (m)	**Peru**	[pɛˈrʉ]
Polinesia (f) Francese	**Franska Polynesien**	[ˈfranska polʲyˈnesiən]
Polonia (f)	**Polen**	[ˈpolʲen]
Portogallo (f)	**Portugal**	[ˈpoːtugalʲ]
Repubblica (f) Ceca	**Tjeckien**	[ˈɕɛkiən]
Repubblica (f) Dominicana	**Dominikanska republiken**	[dominiˈkanska repuˈblikən]
Repubblica (f) Sudafricana	**Republiken Sydafrika**	[repuˈbliken ˈsydˌafrika]
Romania (f)	**Rumänien**	[rʉˈmɛːniən]
Russia (f)	**Ryssland**	[ˈrʏslʲand]
Scozia (f)	**Skottland**	[ˈskotlʲand]
Senegal (m)	**Senegal**	[seneˈgalʲ]
Serbia (f)	**Serbien**	[ˈsɛrbiən]
Siria (f)	**Syrien**	[ˈsyriən]
Slovacchia (f)	**Slovakien**	[slʲoˈvakiən]
Slovenia (f)	**Slovenien**	[slʲoˈveniən]
Spagna (f)	**Spanien**	[ˈspaniən]
Stati (m pl) Uniti d'America	**Amerikas Förenta Stater**	[aˈmɛrikas føˈrɛnta ˈstatər]
Suriname (m)	**Surinam**	[ˈsʉriˌnam]
Svezia (f)	**Sverige**	[ˈsvɛrijə]
Svizzera (f)	**Schweiz**	[ˈʃvɛjts]
Tagikistan (m)	**Tadzjikistan**	[taˈdʒikiˌstan]
Tailandia (f)	**Thailand**	[ˈtajlʲand]
Taiwan (m)	**Taiwan**	[tajˈvan]
Tanzania (f)	**Tanzania**	[tansaˈnija]
Tasmania (f)	**Tasmanien**	[tasˈmaniən]
Tunisia (f)	**Tunisien**	[tʉˈnisiən]
Turchia (f)	**Turkiet**	[turkiet]
Turkmenistan (m)	**Turkmenistan**	[turkˈmeniˌstan]
Ucraina (f)	**Ukraina**	[uˈkrajna]
Ungheria (f)	**Ungern**	[ˈuŋɛːŋ]
Uruguay (m)	**Uruguay**	[ʉrugˈwaj]
Uzbekistan (m)	**Uzbekistan**	[usˈbekiˌstan]
Vaticano (m)	**Vatikanstaten**	[vatiˈkanˌstatən]
Venezuela (f)	**Venezuela**	[venesuˈɛlʲa]
Vietnam (m)	**Vietnam**	[ˈvjɛtnam]
Zanzibar	**Zanzibar**	[ˈsansibar]

T&P BOOKS

DIZIONARIO GASTRONOMICO

Questa sezione contiene molti vocaboli e termini collegati ai generi alimentari. Questo dizionario renderà più facile la comprensione del menù al ristorante per scegliere il piatto che più vi piace

T&P Books Publishing

Italiano-Svedese dizionario gastronomico

abramide (f)	brax (en)	['braks]
aceto (m)	ättika (en)	['ætika]
acqua (f)	vatten (ett)	['vatən]
acqua (f) minerale	mineralvatten (ett)	[mine'ralᴵˌvatən]
acqua (f) potabile	dricksvatten (ett)	['driksˌvatən]
affumicato	rökt	['rœkt]
aglio (m)	vitlök (en)	['vitˌlᴵøːk]
agnello (m)	lammkött (ett)	['lᴵamˌçœt]
al cioccolato	choklad-	[ʃɔk'lᴵad-]
albicocca (f)	aprikos (en)	[apri'kʊs]
albume (m)	äggvita (en)	['ɛɡˌviːta]
alloro (m)	lagerblad (ett)	['lᴵagərˌblᴵad]
amarena (f)	körsbär (ett)	['çøːʂˌbæːr]
amaro	bitter	['bitər]
analcolico	alkoholfri	[alᴵkʊ'hɔlᴵˌfriː]
ananas (m)	ananas (en)	['ananas]
anatra (f)	anka (en)	['aŋka]
aneto (m)	dill (en)	['dilᴵ]
anguilla (f)	ål (en)	['oːlᴵ]
anguria (f)	vattenmelon (en)	['vatənˌme'lᴵʊn]
anice (m)	anis (en)	['anis]
antipasto (m)	förrätt (en)	['fœːræt]
aperitivo (m)	aperitif (en)	[aperi'tif]
appetito (m)	aptit (en)	['aptit]
apribottiglie (m)	flasköppnare (en)	['flᴵaskˌøpnarə]
apriscatole (m)	burköppnare (en)	['burkˌøpnarə]
arachide (f)	jordnöt (en)	['jʊːdˌnøːt]
aragosta (f)	languster (en)	[lᴵaŋ'gustər]
arancia (f)	apelsin (en)	[apɛlᴵ'sin]
aringa (f)	sill (en)	['silᴵ]
asparago (m)	sparris (en)	['sparis]
avena (f)	havre (en)	['havrə]
avocado (m)	avokado (en)	[avɔ'kadʊ]
bacca (f)	bär (ett)	['bæːr]
bacche (f pl)	bär (pl)	['bæːr]
banana (f)	banan (en)	['banan]
barbabietola (f)	rödbeta (en)	['røːdˌbeta]
barista (m)	bartender (en)	['baːˌtɛndər]
basilico (m)	basilika (en)	[ba'silika]
bevanda (f) analcolica	alkoholfri dryck (en)	[alᴵkʊ'hɔlᴵfri 'drʏk]
bevande (f pl) alcoliche	alkoholhaltiga drycker (pl)	[alᴵkʊ'hɔlᴵˌhalᴵtiga 'drʏkər]
bibita (f)	läskedryck (en)	['lɛskəˌdrik]
bicchiere (m)	glas (ett)	['glᴵas]

birra (f)	öl (ett)	['ø:lʲ]
birra (f) chiara	ljust öl (ett)	['jʉːstˌøːlʲ]
birra (f) scura	mörkt öl (ett)	['mœːrktˌøːlʲ]
biscotti (m pl)	småkakor (pl)	['smoːkakʊr]
bistecca (f)	biffstek (en)	['bifˌstɛk]
boleto (m) rufo	aspsopp (en)	['aspˌsɔp]
bollito	kokt	['kʊkt]
briciola (f)	smula (en)	['smʉlʲa]
broccolo (m)	broccoli (en)	['brɔkɔli]
brodo (m)	buljong (en)	[bu'ljɔŋ]
buccia (f)	skal (ett)	['skalʲ]
budino (m)	pudding (en)	['pudiŋ]
Buon appetito!	Smaklig måltid!	['smaklig 'moːlʲtid]
buono, gustoso	läcker	['lʲɛkər]
burro (m)	smör (ett)	['smœːr]
cacciagione (f)	vilt (ett)	['vilʲt]
caffè (m)	kaffe (ett)	['kafə]
caffè (m) nero	svart kaffe (ett)	['svaːʈ 'kafə]
caffè (m) solubile	snabbkaffe (ett)	['snabˌkafə]
caffè latte (m)	kaffe med mjölk (ett)	['kafə me mjœlʲk]
calamaro (m)	bläckfisk (en)	['blʲɛkˌfisk]
caldo	het, varm	['het], ['varm]
calice (m)	vinglas (ett)	['vinˌglʲas]
caloria (f)	kalori (en)	[kalʲɔ'riː]
cameriera (f)	servitris (en)	[sɛrvi'tris]
cameriere (m)	servitör (en)	[sɛrvi'tøːr]
cannella (f)	kanel (en)	[ka'nelʲ]
cappuccino (m)	cappuccino (en)	['kaputʃinʊ]
caramella (f)	konfekt, karamell (en)	[kɔn'fɛkt], [kara'mɛlʲ]
carboidrati (m pl)	kolhydrater (pl)	['kolʲhyˌdratər]
carciofo (m)	kronärtskocka (en)	['krʊnæːʈˌskɔka]
carne (f)	kött (ett)	['ɕœt]
carne (f) trita	köttfärs (en)	['ɕœtˌfæːʂ]
carota (f)	morot (en)	['mʊˌrʊt]
carpa (f)	karp (en)	['karp]
cavatappi (m)	korkskruv (en)	['kɔrkˌskrʉːv]
caviale (m)	kaviar (en)	['kavˌjar]
cavoletti (m pl) di Bruxelles	brysselkål (en)	['brysɛlʲˌkoːlʲ]
cavolfiore (m)	blomkål (en)	['blʲʊmˌkoːlʲ]
cavolo (m)	kål (en)	['koːlʲ]
cena (f)	kvällsmat (en)	['kvɛlʲsˌmat]
cereali (m pl)	gryn (en)	['gryn]
cereali (m pl)	spannmål (ett)	['spanˌmoːlʲ]
cetriolo (m)	gurka (en)	['gurka]
champagne (m)	champagne (en)	[ʃam'panʲ]
chiodi (m pl) di garofano	nejlika (en)	['nɛjlika]
cibi (m pl) in scatola	konserv (en)	[kɔn'sɛrv]
cibo (m)	mat (en)	['mat]
ciliegia (f)	fågelbär (ett)	['foːgəlʲˌbæːr]
cioccolato (m)	choklad (en)	[ʃɔk'lʲad]
cipolla (f)	lök (en)	['lʲøːk]

cocktail (m)	**cocktail (en)**	[ˈkɔktɛjlʲ]
cognac (m)	**konjak (en)**	[ˈkɔnʲak]
colazione (f)	**frukost (en)**	[ˈfrʉːkɔst]
coltello (m)	**kniv (en)**	[ˈkniv]
con ghiaccio	**med is**	[me ˈis]
condimento (m)	**krydda (en)**	[ˈkrʏda]
congelato	**fryst**	[ˈfrʏst]
coniglio (m)	**kanin (en)**	[kaˈnin]
conto (m)	**nota (en)**	[ˈnʊta]
contorno (m)	**tillbehör (ett)**	[ˈtilʲbeˌhør]
coriandolo (m)	**koriander (en)**	[kɔriˈandər]
crema (f)	**kräm (en)**	[ˈkrɛm]
cren (m)	**pepparrot (en)**	[ˈpɛpaˌrʊt]
crostacei (m pl)	**kräftdjur (pl)**	[ˈkrɛftˌjuːr]
crostata (f)	**paj (en)**	[ˈpaj]
cucchiaino (m) da tè	**tesked (en)**	[ˈteˌɧed]
cucchiaio (m)	**sked (en)**	[ˈɧed]
cucchiaio (m)	**matsked (en)**	[ˈmatˌɧed]
cucina (f)	**kök (ett)**	[ˈɕøːk]
cumino, comino (m)	**kummin (en)**	[ˈkumin]
dattero (m)	**dadel (en)**	[ˈdadəlʲ]
dieta (f)	**diet (en)**	[diˈet]
dolce	**söt**	[ˈsøːt]
dolce (m)	**dessert (en)**	[dɛˈsɛːr]
fagiolo (m)	**böna (en)**	[ˈbøna]
farina (f)	**mjöl (ett)**	[ˈmjøːlʲ]
fave (f pl)	**bönor (pl)**	[ˈbønʊr]
fegato (m)	**lever (en)**	[ˈlʲevər]
fetta (f), fettina (f)	**skiva (en)**	[ˈɧiva]
fico (m)	**fikon (en)**	[ˈfikɔn]
fiocchi (m pl) di mais	**cornflakes (pl)**	[ˈkɔːɳˌflɛjks]
forchetta (f)	**gaffel (en)**	[ˈgafəlʲ]
formaggio (m)	**ost (en)**	[ˈʊst]
fragola (f)	**jordgubbe (en)**	[ˈjʉːɖˌgubə]
fragola (f) di bosco	**skogssmultron (ett)**	[ˈskʊgsˌsmulʲtrɔːn]
freddo	**kall**	[ˈkalʲ]
frittata (f)	**omelett (en)**	[ɔməˈlʲet]
fritto	**stekt**	[ˈstɛkt]
frizzante	**kolsyrat**	[ˈkɔlʲˌsyrat]
frullato (m)	**milkshake (en)**	[ˈmilʲkʃɛjk]
frumento (m)	**vete (ett)**	[ˈvetə]
frutti (m pl)	**frukter (pl)**	[ˈfrʊktər]
frutti (m pl) di mare	**fisk och skaldjur**	[ˈfisk ɔ ˈskalʲjʉːr]
frutto (m)	**frukt (en)**	[ˈfrʊkt]
fungo (m)	**svamp (en)**	[ˈsvamp]
fungo (m) commestibile	**matsvamp (en)**	[ˈmatˌsvamp]
fungo (m) moscario	**lömsk flugsvamp (en)**	[ˈlʲømsk ˈflʉːgˌsvamp]
fungo (m) velenoso	**giftig svamp (en)**	[ˈjiftig ˌsvamp]
gallinaccio (m)	**kantarell (en)**	[kantaˈrɛlʲ]
gamberetto (m)	**räka (en)**	[ˈrɛːka]
gassata	**kolsyrat**	[ˈkɔlʲˌsyrat]
gelato (m)	**glass (en)**	[ˈglʲas]

ghiaccio (m)	is (en)	['is]
gin (m)	gin (ett)	['dʒin]
gomma (f) da masticare	tuggummi (ett)	['tug‚gumi]
granchio (m)	krabba (en)	['kraba]
grano (m)	korn, spannmål (ett)	['kʊ:ŋ], ['span‚mo:lʲ]
grano (m) saraceno	bovete (ett)	['bʊ‚vetə]
grassi (m pl)	fett (ett)	['fɛt]
gusto (m)	smak (en)	['smak]
hamburger (m)	hamburgare (en)	['hamburgarə]
insalata (f)	sallad (en)	['salʲad]
ippoglosso (m)	hälleflundra (en)	['hɛlʲe‚flʊndra]
kiwi (m)	kiwi (en)	['kivi]
lampone (m)	hallon (ett)	['halʲɔn]
latte (m)	mjölk (en)	['mjœlʲk]
latte (m) condensato	kondenserad mjölk (en)	[kɔndɛn'serad ‚mjœlʲk]
lattuga (f)	sallad (en)	['salʲad]
lenticchie (f pl)	lins (en)	['lins]
limonata (f)	lemonad (en)	[lʲemɔ'nad]
limone (m)	citron (en)	[si'trʊn]
lingua (f)	tunga (en)	['tuŋa]
liquore (m)	likör (en)	[li'kø:r]
liscia, non gassata	icke kolsyrat	['ikə 'kɔlʲ‚syrat]
lista (f) dei vini	vinlista (en)	['vin‚lista]
luccio (m)	gädda (en)	['jɛda]
lucioperca (f)	gös (en)	['jø:s]
maiale (m)	fläsk (ett)	['flʲɛsk]
maionese (m)	majonnäs (en)	[majɔ'nɛs]
mais (m)	majs (en)	['majs]
mais (m)	majs (en)	['majs]
mancia (f)	dricks (en)	['driks]
mandarino (m)	mandarin (en)	[manda'rin]
mandorla (f)	mandel (en)	['mandəlʲ]
mango (m)	mango (en)	['maŋgʊ]
manzo (m)	oxkött, nötkött (ett)	['ʊks‚ɕœt], ['nø:t‚ɕœt]
margarina (f)	margarin (ett)	[marga'rin]
marmellata (f)	sylt, marmelad (en)	['sylʲt], [marme'lʲad]
marmellata (f)	sylt (en)	['sylʲt]
marmellata (f) di agrumi	marmelad (en)	[marme'lʲad]
mela (f)	äpple (ett)	['ɛplʲe]
melagrana (f)	granatäpple (en)	[gra'nat‚ɛplʲe]
melanzana (f)	aubergine (en)	[ɔbɛr'ʒin]
melone (m)	melon (en)	[me'lʲʊn]
menù (m)	meny (en)	[me'ny]
merluzzo (m)	torsk (en)	['tɔ:ʂk]
miele (m)	honung (en)	['hɔnuŋ]
miglio (m)	hirs (en)	['hyʂ]
minestra (f)	soppa (en)	['sɔpa]
mirtillo (m)	blåbär (ett)	['blʲo:‚bæ:r]
mirtillo (m) di palude	tranbär (ett)	['tran‚bæ:r]
mirtillo (m) rosso	lingon (ett)	['liŋɔn]
mora (f)	björnbär (ett)	['bjø:n‚bæ:r]
nocciola (f)	hasselnöt (en)	['hasəlʲ‚nø:t]

noce (f)	valnöt (en)	['valʲˌnøːt]
noce (f) di cocco	kokosnöt (en)	['kʊkʊsˌnøːt]
oca (f)	gås (en)	['goːs]
olio (m) d'oliva	olivolja (en)	[ʊ'livˌɔlja]
olio (m) di girasole	solrosolja (en)	['sʊlʲrʊsˌɔlja]
olio (m) vegetale	vegetabilisk olja (en)	[vegeta'bilisk 'ɔlja]
olive (f pl)	oliver (pl)	[ʊːʲlivər]
ortaggi (m pl)	grönsaker (pl)	['grøːnˌsakər]
orzo (m)	korn (ett)	['kʊːn]
ostrica (f)	ostron (ett)	['ʊstrʊn]
ovolaccio (m)	flugsvamp (en)	['flʉːgˌsvamp]
pâté (m)	paté (en)	[pa'te]
pancetta (f)	bacon (ett)	['bɛjkɔn]
pane (m)	bröd (ett)	['brøːd]
panino (m)	smörgås (en)	['smœrˌgoːs]
panna (f)	grädde (en)	['grɛdə]
panna (f) acida	gräddfil, syrad grädden (en)	['grɛdfilʲ], [syrad 'gredən]
papaia (f)	papaya (en)	[pa'paja]
paprica (f)	paprika (en)	['paprika]
pasta (f)	pasta (en), makaroner (pl)	['pasta], [maka'rʊnər]
pasticceria (f)	konditorivaror (pl)	[kɔnditʊ'riːˌvarʊr]
patata (f)	potatis (en)	[pʊ'tatis]
pepe (m) nero	svartpeppar (en)	['svaːtˌpɛpar]
peperoncino (m)	rödpeppar (en)	['røːdˌpɛpar]
peperone (m)	peppar (en)	['pɛpar]
pera (f)	päron (ett)	['pæːrɔn]
perca (f)	ábborre (en)	['abɔrə]
pesca (f)	persika (en)	['pɛşika]
pesce (m)	fisk (en)	['fisk]
pesce (m) gatto	mal (en)	['malʲ]
pezzo (m)	bit (en)	['bit]
piattino (m)	tefat (ett)	['teˌfat]
piatto (m)	rätt (en)	['ræt]
piatto (m)	tallrik (en)	['talʲrik]
pisello (m)	ärter (pl)	['æːtər]
pistacchi (m pl)	pistaschnötter (pl)	['pistaʃnœtər]
pizza (f)	pizza (en)	['pitsa]
pollo (m)	höna (en)	['høːna]
pomodoro (m)	tomat (en)	[tʊ'mat]
pompelmo (m)	grapefrukt (en)	['grɛjpˌfrʉkt]
porcinello (m)	björksopp (en)	['bjœrkˌsɔp]
porcino (m)	stensopp (en)	['stenˌsɔp]
porridge (m)	gröt (en)	['grøːt]
porzione (f)	portion (en)	[pɔːˈt͡ʃʊn]
pranzo (m)	lunch (en)	['lʉnɕ]
prezzemolo (m)	persilja (en)	[pɛ'şilja]
prosciutto (m)	skinka (en)	['ɧiŋka]
prosciutto (m) affumicato	skinka (en)	['ɧiŋka]
proteine (f pl)	proteiner (pl)	[prɔte'iːnər]
prugna (f)	plommon (ett)	['plʲʊmɔn]

pub (m), bar (m)	bar (en)	['bar]
purè (m) di patate	potatismos (ett)	[pʊ'tatis‚mʊs]
rapa (f)	rova (en)	['rʊva]
ravanello (m)	rädisa (en)	['rɛ:disa]
retrogusto (m)	bismak (en)	['bismak]
ribes (m) nero	svarta vinbär (ett)	['sva:ţa 'vinbæ:r]
ribes (m) rosso	röda vinbär (ett)	['rø:da 'vinbæ:r]
ricetta (f)	recept (ett)	[re'sɛpt]
ripieno (m)	fyllning (en)	['fylˡniŋ]
riso (m)	ris (ett)	['ris]
rossola (f)	kremla (en)	['krɛmlˡa]
rum (m)	rom (en)	['rɔm]
salame (m)	korv (en)	['kɔrv]
salato	salt	['salˡt]
sale (m)	salt (ett)	['salˡt]
salmone (m)	lax (en)	['lˡaks]
salmone (m)	atlanterhavslax (en)	[at'lanterhav‚lˡaks]
salsa (f)	sås (en)	['so:s]
sardina (f)	sardin (en)	[sa:'ɖi:n]
scombro (m)	makrill (en)	['makrilˡ]
secco	torkad	['tɔrkad]
sedano (m)	selleri (en)	['sɛlˡeri]
segale (f)	råg (en)	['ro:g]
senape (f)	senap (en)	['se:nap]
sesamo (m)	sesam (en)	['sesam]
sogliola (f)	rödspätta (en)	['rø:d‚spæta]
soia (f)	soja (en)	['sɔja]
sottoaceto	sylt-	['sylˡt-]
spaghetti (m pl)	spagetti	[spa'gɛti]
spezie (f pl)	krydda (en)	['krʊda]
spiga (f)	ax (ett)	['aks]
spinaci (m pl)	spenat (en)	[spe'nat]
spremuta (f)	nypressad juice (en)	['nɣ‚prɛsad 'ju:s]
spugnola (f)	murkla (en)	['mɵ:rklˡa]
squalo (m)	haj (en)	['haj]
storione (m)	stör (en)	['stø:r]
stuzzicadenti (m)	tandpetare (en)	['tand‚petarə]
succo (m)	juice (en)	['ju:s]
succo (m) d'arancia	apelsinjuice (en)	[apɛlˡ'sin‚ju:s]
succo (m) di pomodoro	tomatjuice (en)	[tʊ'mat‚ju:s]
tè (m)	te (ett)	['te:]
tè (m) nero	svart te (ett)	['sva:ţ ‚te:]
tè (m) verde	grönt te (ett)	['grœnt te:]
tacchino (m)	kalkon (en)	[kalˡ'kʊn]
tagliatelle (f pl)	nudlar (pl)	['nɵ:dlˡar]
tazza (f)	kopp (en)	['kop]
tonno (m)	tonfisk (en)	['tʊn‚fisk]
torta (f)	tårta (en)	['to:ţa]
tortina (f)	kaka, bakelse (en)	['kaka], ['bakəlˡsə]
trota (f)	öring (en)	['ø:riŋ]
tuorlo (m)	äggula (en)	['ɛg‚ɵ:lˡa]
uova (f pl)	ägg (pl)	['ɛg]

uova (f pl) al tegamino	**stekt ägg (en)**	['stɛkt ˌɛg]
uovo (m)	**ägg (ett)**	['ɛg]
uva (f)	**druva (en)**	['drʉ:va]
uva (f) spina	**krusbär (ett)**	['krʉ:sˌbæ:r]
uvetta (f)	**russin (ett)**	['rusin]
vegetariano	**vegetarisk**	[vege'tarisk]
vegetariano (m)	**vegetarian (en)**	[vegetiri'an]
verdura (f)	**grönsaker (pl)**	['grø:nˌsakər]
vermouth (m)	**vermouth (en)**	['vɛrmut]
vino (m)	**vin (ett)**	['vin]
vino (m) bianco	**vitvin (ett)**	['vitˌvin]
vino (m) rosso	**rödvin (ett)**	['rø:dˌvin]
vitamina (f)	**vitamin (ett)**	[vita'min]
vitello (m)	**kalvkött (en)**	['kalʲvˌɕœt]
vodka (f)	**vodka (en)**	['vodka]
würstel (m)	**wienerkorv (en)**	['viŋɛrˌkɔrv]
wafer (m)	**våffle (en)**	['vɔflʲe]
whisky	**whisky (en)**	['viski]
yogurt (m)	**yoghurt (en)**	['jo:gʉ:t]
zafferano (m)	**saffran (en)**	['safran]
zenzero (m)	**ingefära (en)**	['iŋəˌfæ:ra]
zucca (f)	**pumpa (en)**	['pumpa]
zucchero (m)	**socker (ett)**	['sɔkər]
zucchina (f)	**squash, zucchini (en)**	['skvɔ:ɕ], [su'kini]

ábborre (en)	['abɔrə]	perca (f)
ägg (ett)	['ɛg]	uovo (m)
ägg (pl)	['ɛg]	uova (f pl)
äggula (en)	['ɛg͜ɥ:lʲa]	tuorlo (m)
äggvita (en)	['ɛg͜vi:ta]	albume (m)
äpple (ett)	['ɛplʲe]	mela (f)
ärter (pl)	['æːt̪ər]	pisello (m)
ättika (en)	['ætika]	aceto (m)
ål (en)	['oːlʲ]	anguilla (f)
öl (ett)	['øːlʲ]	birra (f)
öring (en)	['øːriŋ]	trota (f)
alkoholfri	[alʲkʊ'hɔlʲˌfriː]	analcolico
alkoholfri dryck (en)	[alʲkʊ'hɔlʲfri 'drʏk]	bevanda (f) analcolica
alkoholhaltiga drycker (pl)	[alʲkʊ'hɔlʲˌhalʲtiga 'drʏkər]	bevande (f pl) alcoliche
ananas (en)	['ananas]	ananas (m)
anis (en)	['anis]	anice (m)
anka (en)	['aŋka]	anatra (f)
apelsin (en)	[apɛlʲ'sin]	arancia (f)
apelsinjuice (en)	[apɛlʲ'sinˌjuːs]	succo (m) d'arancia
aperitif (en)	[aperi'tif]	aperitivo (m)
aprikos (en)	[apri'kʊs]	albicocca (f)
aptit (en)	['aptit]	appetito (m)
aspsopp (en)	['aspˌsɔp]	boleto (m) rufo
atlanterhavslax (en)	[at'lantərhavˌlʲaks]	salmone (m)
aubergine (en)	[ɔbɛr'ʒin]	melanzana (f)
avokado (en)	[avɔ'kadʊ]	avocado (m)
ax (ett)	['aks]	spiga (f)
bär (ett)	['bæːr]	bacca (f)
bär (pl)	['bæːr]	bacche (f pl)
böna (en)	['bøna]	fagiolo (m)
bönor (pl)	['bønʊr]	fave (f pl)
bacon (ett)	['bɛjkɔn]	pancetta (f)
banan (en)	['banan]	banana (f)
bar (en)	['bar]	pub (m), bar (m)
bartender (en)	['baːˌtɛndər]	barista (m)
basilika (en)	[ba'silika]	basilico (m)
biffstek (en)	['bifˌstɛk]	bistecca (f)
bismak (en)	['bismak]	retrogusto (m)
bit (en)	['bit]	pezzo (m)
bitter	['bitər]	amaro
björksopp (en)	['bjœrkˌsɔp]	porcinello (m)
björnbär (ett)	['bjøːnˌbæːr]	mora (f)
bläckfisk (en)	['blʲɛkˌfisk]	calamaro (m)

blåbär (ett)	['bl'o:ˌbæ:r]	mirtillo (m)
blomkål (en)	['bl'ʊmˌko:l']	cavolfiore (m)
bovete (ett)	['bʊˌvetə]	grano (m) saraceno
bröd (ett)	['brø:d]	pane (m)
brax (en)	['braks]	abramide (f)
broccoli (en)	['brɔkɔli]	broccolo (m)
brysselkål (en)	['brʏsɛl'ˌko:l']	cavoletti (m pl) di Bruxelles
buljong (en)	[bu'ljɔŋ]	brodo (m)
burköppnare (en)	['burkˌøpnarə]	apriscatole (m)
cappuccino (en)	['kaputʃinʊ]	cappuccino (m)
champagne (en)	[ʃam'pan']	champagne (m)
choklad (en)	[ʃɔk'l'ad]	cioccolato (m)
choklad-	[ʃɔk'l'ad-]	al cioccolato
citron (en)	[si'trʊn]	limone (m)
cocktail (en)	['kɔktɛjl']	cocktail (m)
cornflakes (pl)	['ko:nˌflɛjks]	fiocchi (m pl) di mais
dadel (en)	['dadəl']	dattero (m)
dessert (en)	[dɛ'sɛ:r]	dolce (m)
diet (en)	[di'et]	dieta (f)
dill (en)	['dil']	aneto (m)
dricks (en)	['driks]	mancia (f)
dricksvatten (ett)	['driksˌvatən]	acqua (f) potabile
druva (en)	['drʉ:va]	uva (f)
fågelbär (ett)	['fo:gəl'ˌbæ:r]	ciliegia (f)
förrätt (en)	['fœ:ræt]	antipasto (m)
fett (ett)	['fɛt]	grassi (m pl)
fikon (ett)	['fikɔn]	fico (m)
fisk (en)	['fisk]	pesce (m)
fisk och skaldjur	['fisk ɔ 'skal'ˌjʉ:r]	frutti (m pl) di mare
fläsk (ett)	['fl'ɛsk]	maiale (m)
flasköppnare (en)	['fl'askˌøpnarə]	apribottiglie (m)
flugsvamp (en)	['flʉ:gˌsvamp]	ovolaccio (m)
frukost (en)	['frʉ:kɔst]	colazione (f)
frukt (en)	['frʉkt]	frutto (m)
frukter (pl)	['frʉktər]	frutti (m pl)
fryst	['frʏst]	congelato
fyllning (en)	['fʏl'niŋ]	ripieno (m)
gädda (en)	['jɛda]	luccio (m)
gås (en)	['go:s]	oca (f)
gös (en)	['jø:s]	lucioperca (f)
gaffel (en)	['gafəl']	forchetta (f)
giftig svamp (en)	['jiftig ˌsvamp]	fungo (m) velenoso
gin (ett)	['dʒin]	gin (m)
glas (ett)	['gl'as]	bicchiere (m)
glass (en)	['gl'as]	gelato (m)
grädde (en)	['grɛdə]	panna (f)
gräddfil, syrad grädden (en)	['grɛdfil'], [syrad 'gredən]	panna (f) acida
grönsaker (pl)	['grø:nˌsakər]	ortaggi (m pl)
grönsaker (pl)	['grø:nˌsakər]	verdura (f)
grönt te (ett)	['grœnt te:]	tè (m) verde

gröt (en)	['grø:t]	porridge (m)
granatäpple (en)	[gra'nat͜ɛpl'e]	melagrana (f)
grapefrukt (en)	['grɛjp͜frʉkt]	pompelmo (m)
gryn (en)	['gryn]	cereali (m pl)
gurka (en)	['gurka]	cetriolo (m)
hälleflundra (en)	['hɛl'e͜flʉndra]	ippoglosso (m)
höna (en)	['hø:na]	pollo (m)
haj (en)	['haj]	squalo (m)
hallon (ett)	['hal'ɔn]	lampone (m)
hamburgare (en)	['hamburgarə]	hamburger (m)
hasselnöt (en)	['hasəl'͜nø:t]	nocciola (f)
havre (en)	['havrə]	avena (f)
het, varm	['het], ['varm]	caldo
hirs (en)	['hyʂ]	miglio (m)
honung (en)	['hɔnʉŋ]	miele (m)
icke kolsyrat	['ikə 'kɔl'͜syrat]	liscia, non gassata
ingefära (en)	['iŋə͜fæ:ra]	zenzero (m)
is (en)	['is]	ghiaccio (m)
jordgubbe (en)	['jʉ:d͜gubə]	fragola (f)
jordnöt (en)	['jʉ:d͜nø:t]	arachide (f)
juice (en)	['ju:s]	succo (m)
kål (en)	['ko:l']	cavolo (m)
kök (ett)	['çø:k]	cucina (f)
körsbär (ett)	['çø:ʂ͜bæ:r]	amarena (f)
kött (ett)	['çœt]	carne (f)
köttfärs (en)	['çœt͜fæ:ʂ]	carne (f) trita
kaffe (ett)	['kafə]	caffè (m)
kaffe med mjölk (ett)	['kafə me mjœl'k]	caffè latte (m)
kaka, bakelse (en)	['kaka], ['bakəl'sə]	tortina (f)
kalkon (en)	[kal'͜kʊn]	tacchino (m)
kall	['kal']	freddo
kalori (en)	[kal'ɔ'ri:]	caloria (f)
kalvkött (en)	['kal'v͜çœt]	vitello (m)
kanel (en)	[ka'nel']	cannella (f)
kanin (en)	[ka'nin]	coniglio (m)
kantarell (en)	[kanta'rɛl']	gallinaccio (m)
karp (en)	['karp]	carpa (f)
kaviar (en)	['kav͜jar]	caviale (m)
kiwi (en)	['kivi]	kiwi (m)
kniv (en)	['kniv]	coltello (m)
kokosnöt (en)	['kʊkʊs͜nø:t]	noce (f) di cocco
kokt	['kʊkt]	bollito
kolhydrater (pl)	['kɔl'hy͜dratər]	carboidrati (m pl)
kolsyrat	['kɔl'͜syrat]	gassata
kolsyrat	['kɔl'͜syrat]	frizzante
kondenserad mjölk (en)	[kɔndɛn'serad ͜mjœl'k]	latte (m) condensato
konditorivaror (pl)	[kɔnditʊ'ri:͜varʊr]	pasticceria (f)
konfekt, karamell (en)	[kɔn'fɛkt], [kara'mɛl']	caramella (f)
konjak (en)	['kɔn'jak]	cognac (m)
konserv (en)	[kɔn'sɛrv]	cibi (m pl) in scatola
kopp (en)	['kɔp]	tazza (f)
koriander (en)	[kɔri'andər]	coriandolo (m)

korkskruv (en)	['kɔrkˌskrʉ:v]	cavatappi (m)
korn (ett)	['kʊːɳ]	orzo (m)
korn, spannmål (ett)	['kʊːɳ], ['spanˌmoː|ʲ]	grano (m)
korv (en)	['kɔrv]	salame (m)
kräftdjur (pl)	['krɛftˌjuːr]	crostacei (m pl)
kräm (en)	['krɛm]	crema (f)
krabba (en)	['kraba]	granchio (m)
kremla (en)	['krɛml|ʲa]	rossola (f)
kronärtskocka (en)	['krʊnæː:tˌskɔka]	carciofo (m)
krusbär (ett)	['krʉːsˌbæ:r]	uva (f) spina
krydda (en)	['krʏda]	condimento (m)
krydda (en)	['krʏda]	spezie (f pl)
kummin (en)	['kumin]	cumino, comino (m)
kvällsmat (en)	['kvɛl|ʲsˌmat]	cena (f)
läcker	['l|ʲɛkər]	buono, gustoso
läskedryck (en)	['l|ʲɛskeˌdrik]	bibita (f)
lök (en)	['l|ʲøːk]	cipolla (f)
lömsk flugsvamp (en)	['l|ʲømsk 'flʉːgˌsvamp]	fungo (m) moscario
lagerblad (ett)	['l|ʲagərˌbl|ʲad]	alloro (m)
lammkött (ett)	['l|ʲamˌɕœt]	agnello (m)
languster (en)	[l|ʲaŋ'gustər]	aragosta (f)
lax (en)	['l|ʲaks]	salmone (m)
lemonad (en)	[l|ʲemɔ'nad]	limonata (f)
lever (en)	['l|ʲevər]	fegato (m)
likör (en)	[li'køːr]	liquore (m)
lingon (ett)	['liŋɔn]	mirtillo (m) rosso
lins (en)	['lins]	lenticchie (f pl)
ljust öl (ett)	['jʉːstˌøː|ʲ]	birra (f) chiara
lunch (en)	['lʉnɕ]	pranzo (m)
mörkt öl (ett)	['mœːrkt ˌøː|ʲ]	birra (f) scura
majonnäs (en)	[majo'nɛs]	maionese (m)
majs (en)	['majs]	mais (m)
majs (en)	['majs]	mais (m)
makrill (en)	['makril|ʲ]	scombro (m)
mal (en)	['mal|ʲ]	pesce (m) gatto
mandarin (en)	[manda'rin]	mandarino (m)
mandel (en)	['mandə|ʲ]	mandorla (f)
mango (en)	['maŋgʊ]	mango (m)
margarin (ett)	[marga'rin]	margarina (f)
marmelad (en)	[marme'l|ʲad]	marmellata (f) di agrumi
mat (en)	['mat]	cibo (m)
matsked (en)	['matˌʃed]	cucchiaio (m)
matsvamp (en)	['matˌsvamp]	fungo (m) commestibile
med is	[me 'is]	con ghiaccio
melon (en)	[me'l|ʲʊn]	melone (m)
meny (en)	[me'ny]	menù (m)
milkshake (en)	['mil|ʲkˌʃɕjk]	frullato (m)
mineralvatten (ett)	[mine'ral|ʲˌvatən]	acqua (f) minerale
mjöl (ett)	['mjøː|ʲ]	farina (f)
mjölk (en)	['mjœl|ʲk]	latte (m)
morot (en)	['mʊˌrʊt]	carota (f)
murkla (en)	['mʉːrkl|ʲa]	spugnola (f)

nejlika (en)	['nɛjlika]	chiodi (m pl) di garofano
nota (en)	['nʊta]	conto (m)
nudlar (pl)	['nʉːdlʲar]	tagliatelle (f pl)
nypressad juice (en)	['nʏˌprɛsad 'juːs]	spremuta (f)
oliver (pl)	[ʊ'liver]	olive (f pl)
olivolja (en)	[ʊ'livˌɔlja]	olio (m) d'oliva
omelett (en)	[ɔmə'lʲet]	frittata (f)
ost (en)	['ʊst]	formaggio (m)
ostron (ett)	['ʊstrʊn]	ostrica (f)
oxkött, nötkött (ett)	['ʊksˌɕœt], ['nøːtˌɕœt]	manzo (m)
päron (ett)	['pæːrɔn]	pera (f)
paj (en)	['paj]	crostata (f)
papaya (en)	[pa'paja]	papaia (f)
paprika (en)	['paprika]	paprica (f)
pasta (en), makaroner (pl)	['pasta], [maka'rʊnər]	pasta (f)
paté (en)	[pa'te]	pâté (m)
peppar (en)	['pɛpar]	peperone (m)
pepparrot (en)	['pɛpaˌrʊt]	cren (m)
persika (en)	['pɛɕika]	pesca (f)
persilja (en)	[pɛ'silja]	prezzemolo (m)
pistaschnötter (pl)	['pistaʃnœtər]	pistacchi (m pl)
pizza (en)	['pitsa]	pizza (f)
plommon (ett)	['plʲʊmɔn]	prugna (f)
portion (en)	[pɔː'ʃʊn]	porzione (f)
potatis (en)	[pʊ'tatis]	patata (f)
potatismos (ett)	[pʊ'tatisˌmʊs]	purè (m) di patate
proteiner (pl)	[prote'iːnər]	proteine (f pl)
pudding (en)	['pudiŋ]	budino (m)
pumpa (en)	['pumpa]	zucca (f)
rädisa (en)	['rɛːdisa]	ravanello (m)
räka (en)	['rɛːka]	gamberetto (m)
rätt (en)	['ræt]	piatto (m)
råg (en)	['roːg]	segale (f)
röda vinbär (ett)	['røːda 'vinbæːr]	ribes (m) rosso
rödbeta (en)	['røːdˌbeta]	barbabietola (f)
rödpeppar (en)	['røːdˌpɛpar]	peperoncino (m)
rödspätta (en)	['røːdˌspæta]	sogliola (f)
rödvin (ett)	['røːdˌvin]	vino (m) rosso
rökt	['rœkt]	affumicato
recept (ett)	[re'sɛpt]	ricetta (f)
ris (ett)	['ris]	riso (m)
rom (en)	['rɔm]	rum (m)
rova (en)	['rʊva]	rapa (f)
russin (ett)	['rusin]	uvetta (f)
sås (en)	['soːs]	salsa (f)
söt	['søːt]	dolce
saffran (en)	['safran]	zafferano (m)
sallad (en)	['salʲad]	lattuga (f)
sallad (en)	['salʲad]	insalata (f)
salt	['salʲt]	salato
salt (ett)	['salʲt]	sale (m)

sardin (en)	[sa:'ɖi:n]	sardina (f)
selleri (en)	['sɛlʲeri]	sedano (m)
senap (en)	['se:nap]	senape (f)
servitör (en)	[sɛrvi'tø:r]	cameriere (m)
servitris (en)	[sɛrvi'tris]	cameriera (f)
sesam (en)	['sesam]	sesamo (m)
sill (en)	['silʲ]	aringa (f)
skal (ett)	['skalʲ]	buccia (f)
sked (en)	['ɧed]	cucchiaio (m)
skinka (en)	['ɧiŋka]	prosciutto (m)
skinka (en)	['ɧiŋka]	prosciutto (m) affumicato
skiva (en)	['ɧiva]	fetta (f), fettina (f)
skogssmultron (ett)	['skʊgsˌsmulʲtrɔ:n]	fragola (f) di bosco
småkakor (pl)	['smo:kakʊr]	biscotti (m pl)
smör (ett)	['smœ:r]	burro (m)
smörgås (en)	['smœrˌgo:s]	panino (m)
smak (en)	['smak]	gusto (m)
Smaklig måltid!	['smaklig 'mo:lʲtid]	Buon appetito!
smula (en)	['smʉlʲa]	briciola (f)
snabbkaffe (ett)	['snabˌkafə]	caffè (m) solubile
socker (ett)	['sɔkər]	zucchero (m)
soja (en)	['sɔja]	soia (f)
solrosolja (en)	['sʊlʲrʊsˌɔlja]	olio (m) di girasole
soppa (en)	['sɔpa]	minestra (f)
spagetti	[spa'gɛti]	spaghetti (m pl)
spannmål (ett)	['spanˌmo:lʲ]	cereali (m pl)
sparris (en)	['sparis]	asparago (m)
spenat (en)	[spe'nat]	spinaci (m pl)
squash, zucchini (en)	['skvɔ:ɕ], [su'kini]	zucchina (f)
stör (en)	['stø:r]	storione (m)
stekt	['stɛkt]	fritto
stekt ägg (en)	['stɛkt ˌɛg]	uova (f pl) al tegamino
stensopp (en)	['stenˌsɔp]	porcino (m)
svamp (en)	['svamp]	fungo (m)
svart kaffe (ett)	['sva:ʈ 'kafə]	caffè (m) nero
svart te (ett)	['sva:ʈ ˌte:]	tè (m) nero
svarta vinbär (ett)	['sva:ʈa 'vinbæ:r]	ribes (m) nero
svartpeppar (en)	['sva:ʈˌpɛpar]	pepe (m) nero
sylt (en)	['sylʲt]	marmellata (f)
sylt, marmelad (en)	['sylʲt], [marme'lʲad]	marmellata (f)
sylt-	['sylʲt-]	sottoaceto
tårta (en)	['to:ʈa]	torta (f)
tallrik (en)	['talʲrik]	piatto (m)
tandpetare (en)	['tandˌpetarə]	stuzzicadenti (m)
te (ett)	['te:]	tè (m)
tefat (ett)	['teˌfat]	piattino (m)
tesked (en)	['teˌɧed]	cucchiaino (m) da tè
tillbehör (ett)	['tilʲbeˌhør]	contorno (m)
tomat (en)	[tʊ'mat]	pomodoro (m)
tomatjuice (en)	[tʊ'matˌju:s]	succo (m) di pomodoro
tonfisk (en)	['tʊnˌfisk]	tonno (m)
torkad	['tɔrkad]	secco

torsk (en)	['tɔːʂk]	merluzzo (m)
tranbär (ett)	['tranˌbæːr]	mirtillo (m) di palude
tuggummi (ett)	['tugˌgumi]	gomma (f) da masticare
tunga (en)	['tuŋa]	lingua (f)
våffle (en)	['vɔflʲe]	wafer (m)
valnöt (en)	['valʲˌnøːt]	noce (f)
vatten (ett)	['vatən]	acqua (f)
vattenmelon (en)	['vatənˌme'lʲʊn]	anguria (f)
vegetabilisk olja (en)	[vegeta'bilisk 'ɔlja]	olio (m) vegetale
vegetarian (en)	[vegetiri'an]	vegetariano (m)
vegetarisk	[vege'tarisk]	vegetariano
vermouth (en)	['vɛrmut]	vermouth (m)
vete (ett)	['vete]	frumento (m)
vilt (ett)	['vilʲt]	cacciagione (f)
vin (ett)	['vin]	vino (m)
vinglas (ett)	['vinˌglʲas]	calice (m)
vinlista (en)	['vinˌlista]	lista (f) dei vini
vitamin (ett)	[vita'min]	vitamina (f)
vitlök (en)	['vitˌlʲøːk]	aglio (m)
vitvin (ett)	['vitˌvin]	vino (m) bianco
vodka (en)	['vodka]	vodka (f)
whisky (en)	['viski]	whisky
wienerkorv (en)	['viŋɛrˌkɔrv]	würstel (m)
yoghurt (en)	['joːgɵːt]	yogurt (m)